対話する社会へ

暉峻淑子
Itsuko Teruoka

Eurus
Notus
Boreas
Zephyrus

岩波新書
1640

まえがき

「対話が続いている間は殴り合いは起こらない」という言葉をドイツの友人が教えてくれたとき、最初に浮かんだのは、映画などに出てくるけんか早い男たちの姿でした。なぜかその言葉がひっかかり、カフェで一息入れながら、ノートにそのドイツ語を書いてもらいました。格言とまでは言えないけれども、よく使われる言葉なのだそうです。

時間がたつにつれて、その言葉に含蓄された意味が私にも分かってきました。そしていま私は、「戦争・暴力の反対語は、平和ではなく対話です」と考えるようになりました。

日本人の多くは、戦争に巻き込まれたり、暴力行為によって支配されることがない平穏な生活を、平和だと考えているようです。平和とは受け身で何もしないことではない、平和も民主主義も努力して作っていくものだと、頭では分かっていても、おまかせ主義の毎日が過ぎていきます。

しかし他方で平和(平穏な生活)を支えているのは、暴力的衝突にならないように社会の中で対話し続け、対話的態度と、対話的文化を社会に根づかせようと努力している人びとの存在だということに、私も気がつくようになりました。対話のない社会はいつか病み、犠牲者を出し、平和はあるとき、あっけなく崩れてしまうのだということを、全身で感じるようになりました。

学校教育で、体罰や暴力が生徒を自殺や不登校に追い込むことがあります。親の虐待が子どもの命を奪うこともあります。大人たちに対話の能力がなかったからではないかと思います。対話という言葉さえ、指導者や親の念頭になかったのかもしれません。対話の方法も知らなかったのでしょう。

沖縄の辺野古への基地「移転」が、反対住民を暴力で鎮圧しつつ一方的に強行されていくのも、政府が対話能力を持っていないからです。あるいは、はじめから対話をする気がないからです。

私はふとしたことから、一九九三年以来、二〇年に及ぶ難民救援の仕事にかかわってきました。NATO軍の空爆による劣化ウラン弾が二〇階建てのビルを地階まで突き抜けて、窓ガラスも、室内にあったものもふき飛ばすべオグラードの市中で、あるいは銃撃戦下のコソボで、さまざまなことを経験しました。

大量破壊兵器が開発され、地雷原が残り、テロ行為が国境を越えるいま、ひとたび紛争・衝突が暴発・暴走すると、勝者はどこにもいません。

私が出会った家族を失い、一生をかけて築いた家も財産も失い、命からがら逃げてきた難民は、悲しみや絶望を口にすることはあっても、復讐の戦いを望む人は一人もいませんでした。民族紛争という言葉で片づけられない現実は、必ずしも一般の人が互いに憎悪しているわけではなく、権力者によってしくまれ、煽られた暴発が連鎖反応を引き起こすのです。

直近の例として検証することができるのは、二〇一六年のノーベル平和賞を受賞した南米コロンビアのフアン・マヌエル・サントス大統領が、左翼ゲリラ・コロンビア革命軍（FARC）との五二年にわたる紛争を終結させ、和平合意にこぎつけた功績です（幡谷則子「コロンビア和平プロセスの課題――新和平合意をめぐって」二〇一六年一二月九日、シノドス配信）。困難な和平交渉を対話によって乗り越えさせたのは、「和平合意書がたとえ不十分なものであっても、紛争を終結させて国民の命を守ることが何よりも重要」という、サントス大統領の強い意志の力でした。それに加えて優れた判断力と信頼性ある彼の人格でした。そしてその和平合意に賛成したのは、左翼ゲリラに支配されている地域の犠牲者たちだったのです。対立を解決する手段は、対話にしかないと知りつくしていたのではないでしょうか。逆に合意に反対した人たちは、直接の被害を受けなかった中核都市の市民だったのです。

さらに私が忘れることができないのは、一九六二年、キューバ危機をめぐってアメリカのケネディ大統領とソビエトのフルシチョフ首相が、一触即発の情勢の中で取り交わした対話的往復書簡です（ロバート・ケネディ『13日間――キューバ危機回顧録』毎日新聞社外信部訳、中公文庫、二〇一四年）。キューバに設置されつつあったソ連のミサイル基地を、空爆で破壊するのでなく平和のうちに撤去させるために、ケネディは渾身の力を傾けました。「もし戦争になれば、報復は世界に波及し世界中の無辜《むこ》の市民と、投票権も責任もない子どもたちの命を奪うことになる。そのような解決の仕方はアメリカの道徳と伝統に反する」「現在の戦争に勝利者はいない」とケネディは考えていました。あわや爆撃機の出撃という分刻みの決断の中で、フルシチョフの返信を得て、キューバ危機は回避され、基地は撤去されたのです。アメリカ空軍も議会の指導者も、もし空爆によってミサイル基地を破壊しないでいれば、そこからアメリカが攻撃を受けたとき、大統領と議会は国民から弾劾されると激しく主張する中での、ケネディの決断だったのです。

理性的に考えれば、戦争・暴力で解決されることは何もない——と難民も戦争当事国の市民も言います。それでは理性的な考えとは、何だろうか？　私の疑問は募るばかりでした。

その私に対話への確信を与えてくれたのは、古代から脈々と流れている対話の思想でした。紛争防止としての対話だけではなく、対話は、人類が持つ特権の一つであり、人間の本性にもっとも添ったコミュニケーションの手段だったのです。人間と人間の間をつなぎ交流させ、個人を成長・発達させる場であった対話は、民主主義の培養土でもあったのです。対話が人間の本性そのものであったからこそ、それは紛争の解決にも役立ったのでした。そしてさらに心を病む人の治療にも効果を上げています。

• 対話は、議論して勝ち負けを決めるとか、意図的にある結論に持っていくとか、異議を許さないという話し方ではない。
• 対話とは、対等な人間関係の中での相互性がある話し方で、何度も論点を往復しているうちに、新しい視野が開け、新しい創造的な何かが生まれる。両方の主張を機械的にガラガラポンと足して二で割る妥協とは違う。

- 個人の感情や主観を排除せず、理性も感情も含めた全人格を伴った自由な話し合い方が対話である。
- 言葉の本質は対話の中にある。官の言葉、司法の言葉、政治家の演説、教科書など、いわゆる記述式の言葉が、明治期に標準化されてきた。しかし人間の言葉の始まりは対話であり、市民の言葉は対話である。
- 幼児が生まれてはじめて聞く言葉は親が注ぎかける対話の言葉であり、子どもは生まれながらにそれに応答する能力を持っている。

私が本書の中で探求したそれらの言葉は、どれもみな対話の本質を語る言葉です。

この著書で、私は自分の人生の記憶をたどりながら、対話についての考えを述べることにしました。

第1章は、親や教師や身近な人との対話が、自分の生き方にどんな影響をもたらしたかという思い出を。第2章は、一方的に聞かされる講演や教育の言葉ではなく、人びとが対話の中で新しい何かを発見していこうとして作った地域の研究会の楽しさを。第3章では、対話について書かれた先人の思想の遺産を。第4章と第5章では、対話が欠如していたために起こった悲劇と、その逆に対話によって、個人的にも、社会的にも実りある結果をもたらした希望の実例を紹介しました。

人類が多年の経験の蓄積の中で獲得した対話という共有の遺産を、育て、根づかせることが、平和を現実のものとし、苦悩に満ちた社会に希望を呼び寄せる一つの道ではないか、と思っています。

目　次

第1章　思い出の中の対話

一歩一歩、知識と経験を積み重ねていく人生。困難が大きくても、それをのり越えたときの喜びは大きい。多かれ少なかれ誰もがそういう経験を重ねて生きているようにみえます。そして挫折に遭遇したとき助けてくれるのは、対話の思い出ではないかと思います。

無意識のうちに、祖父母や父母や他人との中から生まれた対話が、人から人へと生き続けていくのだと感じます。たぶん父も母もはるか昔の人からの対話を胸の中にしまいこんでいたでしょう。そしてその対話は、父や母の人生に諦めない元気を与え、心を豊かにしてくれたでしょう。

最初の対話

ある日、亡くなった母が一枚の写真を前に話してくれたことがあります。この写真は生家の居間の壁にずっとかけられていたので、今も鮮明に覚えています。その中の私は、まだ一歳になったばかりで、そばには姉といとこたちが、晴れ着姿で、ご馳走を前に浮き浮きしたうれしそうな顔で座っています。

それは母方の祖母が、孫たちを、お雛祭りに招待してくれたときの写真でした。

私が生まれてまだ三か月というとき、大学の研究職にいた父は、ドイツのカイザーウィルヘルム研究所（現在のマックスプランク研究所）で研究することになり、単身、渡航しました。ドイツでの研究が終わった後、ヨーロッパからアメリカに渡って研究を続けたので、父が我が家に帰ってきたとき、私はすでに三歳を過ぎていました。父の留守中、母と私たちは母の実家のすぐそばに留守宅を構えて暮らしていたので、孫たちの中でも私は祖父母との縁がとりわけ深かったと聞いています。

写真を前に、母は次のような話をしてくれました。

「この写真の中で、あなただけが普段着のまま座っているでしょう。この日はお雛様のお祭りに、おばあさまが孫たちをみんな呼んで、おもてなしをしてくださったの。あなたはまだ、一歳のお誕生日を迎えたばかりで、言葉も言えず、自分ひとりで食べることも、聞きわけよくおとなしくしていることもできなかったころのことだから、とても覚えてはいないでしょうけど。そのころのあなたは、言葉も分からないのに好奇心だけは旺盛で、何にでも手を出して、食事中、机の上のご馳走をひっくり返したり、熱いものにさわって泣きだしたり、やれおしっこだのと、騒ぎたてることが日常だったので、その日はあなただけお手伝いさんと家で留守番をすることになっていたの。

おばあさまは、あなたがいっしょに来ていないのに気がつくと、「なぜ、あの子は来ていないの?」と母親の私に言い、「とてもおとなしくしていないから、家で留守番を」と答えると、私を叱るように、「お膳をひっくり返したり、ご馳走をめちゃめちゃにして、まわりに大騒ぎをさせるのも、親孝行のうちのひとつではないか——。さあ、すぐに連れておいで」と言って、一歳の孫が座る特別の場所をこしらえてくださったの。そこで大急ぎで留守番していたあなたをだっこして連れてきたので、あなたは、普段着のままなのよ」と、当時を懐かしむように説明してくれました。

まだ一歳のころといえば、晴れ着も、よそいきもないだろうから、私は母にそう言われるまで、写真を見てもとくに晴れ着を着ていない自分に気がつくこともありませんでした。たしかに正座することもできず足を投げだして、私は大きな座布団の上にちょこんと座っています。私を家に置いてきた母の気持ちも分かります。私も自分の息子たちが幼いころは、じっとしていないので、夫婦のどちらかが子守り役で、夫が食事を終えると、今度は交代で私が食べるしかなかったことを思い出します。子どもが眠ってから、やっと遅い食事をすることもしばしばでした。

ですから母は、幼い私がまわりに迷惑をかけて、せっかくの祖母の心づくしのお雛祭りを台無しにしてしまうのを気遣ったのでしょう。とはいっても、家に残してきた子どものことも気がかりだったにちがいありません。

祖母が言ってくれた「ご馳走をめちゃめちゃにして、まわりに大騒ぎをさせるのも、親孝行のうちのひとつではないか」という言葉が、母の心にずっと残っていて、記念の写真というだけでなく、母にとっては特別の写真だったのかも――と思います。

それ以来、母から聞いた祖母のその言葉を、母の声音とともに私はたびたび思い出すようになりました。息子たちがふざけてけがをしたり、客室のソファにマジックでいたずら書きをしたり、兄弟げんかをして窓ガラスを壊したりしたことも、手に余った反抗期のことも、それらは親孝行の一つと思うようになりました。

息子だけでなく、大人同士、仕事上で知人とうまくいかなかったり、迷惑をかけられたり、怒りが収まらなかった思い出もあります。けれども、今にして思えば、祖母の言うように、それらのことはすべて私の人生に対する○○孝行のような、生きていくうえでの栄養になって、私の人格の容量を広げてくれたのでした。祖母も母もまたそう思って、すべての人生の出来事をプラスに受け入れ、長く生きてきたのでしょう。

母との対話は日常茶飯事の会話の中に埋もれて多くを思い出せません。けれども私が小学生のころ、友だちとけんかをしたり、担任の先生への不満を母にぶつけると、おどけた調子で「今頃は相手の○○ちゃんもお母さんにこう言っているよ」とか「先生もためいきついて、こうおっしゃっているよ」と、お芝居の役者のように演じてくれるのでした。そして結局、二人とも笑って終わりになりました。もし母がまじめに私をいさめていたら、私の不満はいっそう募ったことでしょう。長じてそのときのことを思い出すと母が残してくれたものは、相対化して物事を見る、ということだったのだと思います。

私が小学校の高学年になって、ひとりで祖母の家を訪ねることができるようになってからも、祖母はうるさそうな顔ひとつせず、子どものころ読んでいたおとぎ草紙の話をしてくれたり、お手玉の作り方や、草木染めで風呂敷をつくる方法を教えてくれたりしました。

そんなとき近郊の農家の女の人が野菜や卵の行商に立ち寄ると、薪炭が高くなったねえ、と祖母は物価高を嘆きながら、それでも縁側にお茶と漬物を出して行商の人をいたわり、その人が家族の愚痴を言うのを聞き役にまわって慰めるのでした。

地方の小さな銀行の頭取であり漢学者でもあった祖父のところには、たえず客が訪れて来ていました。祖母は書生から年寄りまで、わけへだてなくもてなし、祖父が「そんなにもてなす必要はない」とぶっきらぼうに言うと、「誠三郎さんのところに行くと、くつろいでほっとすると言われたほうがいいでしょうが。私たちはもう隠居でカネ配りはできないけど、気配りだけはいつまでもできますよ」と珍しく反論して言うのが聞こえました。

どんなに貧乏しても、気配りだけはできる——それもまた、私の心に残る祖母の対話語録の一つです。

知ることほど人生に楽しいことはない

人生の中で出会った人、学んだことは本当にたくさんあります。外側から私に降り注がれた言葉や経験なくしては、今の私はありません。中でも個人対個人として語られた対話の言葉は、なぜか私の心の底まで沁みとおり、私の人格の一部となっているように思います。

私が大学院に進学しようというある夕方、父と私は、偶然にゆっくりした時間を過ごしました。そのときはもう親子というより、専門分野こそ違うものの独立した道を歩いている人間同士の感覚だったので、私は、父の話を友人の話のような、どこか距離のある話として聞いていました。

父はそのころ、大学で高分子化学を専門にする教師になっていて、ある研究のために元素分析室に毎日一二時間以上もこもって実験していたため、体重を七〜八キロも減らし、それでも何かに憑かれたように実験を続けていました。いよいよ最後の実験がもうすぐ終わるというそのとき、幾重にも注意を払っていたはずの実験器具を落として壊してしまい、その器具が大学には一つしかなかったため、実験を完成させることができなくなってしまいました。それまで続けてきた実験も水の泡。神も仏もない、としばらく茫然とした父は、取り返しのつかない後悔に打ちひしがれた後、それでも気を取り直し、何かに試されている自分を感じたのだそうです。

思案ののち、父は、大学に出入りしているガラス職人の住所に見当をつけると、夜も更けた町を何時間か歩いて、とうとうその職人の家を見つけました。

寝静まった家の雨戸を外から遠慮がちにホトホトと叩き続けていると、人の気配がして、電灯の光がつくのが見えました。やがて雨戸をあけて姿を現した職人は、父が差し出したガラスの実験器具の壊れた面を電灯の光の下で、しばらくじっと見つめていたそうです。ややあって、職人は、「これなら直ります」と言って、徹夜でその器具を直してくれた、と父は懐しそうに話し続けました。

天は自らを助ける者を助ける、という言葉は、父のために作られたようだと、そのとき、私は思いました。

私は父に「神も仏もないと思っていたというけど、やっぱり神様はいたんじゃない？」と、冗談めかして言うと、父は、真面目な顔をして「姿が見えなかっただけさ」と答えました。酒も煙草ものまず、賭け事もせず、これといった趣味もなく、ただひとすじに研究に打ち込む父の姿を見て母は、「そんなにまでして一つのことに打ち込んでいると、退職してから、趣味のない人生になっては困りますよ」と、言っていました。

それに対して父は、「研究が仕事でもあり趣味でもあるからいいさ」とあっけらかんとして取り合いませんでした。そして私に、次のように語ってくれました。「お父さんがドイツで勉強していたとき(一九二〇年代末)、ドイツではすでに女の人がたくさん大学で勉強していたよ。日本ではまだ女は女学校に行くのがせいぜいという時代だったから、女も男並みに勉強しているのに驚いて、あるドイツの女子学生に、「日本の女性は良妻賢母になることを目標にしているけれど、なぜドイツの女性は男並みに、そんなに勉強するのですか?」と聞いてみた。その女性は屈託もなく即座に「知ることが楽しいからですよ」と答えてくれた。……本当にその通りだね。新しい知見にぶつかり、謎が解けていき、どこまでも、どこまでも深く知っていくことほど、人生に楽しいことはないからね」

父とのその対話は、いつしか私の心の中に生き物のように、すみついてしまったような気がします。おカネのためでもなく、地位のためでもなく、ただただ真実を極めようと、好きなことに打ち込むことを最高の楽しみとする——人生にとって、それに代わるどんな楽しみがあるというのでしょう。「知ること」のかけがえのない喜びと生きがいを教えてくれた親や先生たちに心から感謝したくなります。

なかなか解けない答えを探して、今も私は朝まで本のページをめくって、考え込むことがあります。ベッドの中でふと浮かんでくる知識と知識がぶつかる瞬間の、目から鱗が落ちる喜び——我を忘れて没頭するそんな楽しさを教えてくれた本の数々も、私の対話の相手でした。

どんなアクシデントに遭っても、もう一つの道があるはず、と前向きになれる自分を、父からの遺伝かなと、くすぐったい思いで父との対話と重ね合わせることもあります。そういう父とは、さんざん火花を散らしてけんかしてきたにもかかわらず……。

戦後、極貧に突き落とされた日本社会では、寒い冬にも暖房はありませんでした。湯たんぽを抱えるようにして明け方まで、隙間風の吹き込む玄関に座卓を移して、父は机に向かっていました。

「知ることほど楽しいことはない」。そう言う父の顔は本当に晴れやかで幸せそうに見えました。

私が親もとを離れて、手紙のやり取りをするようになったあるとき、父からの葉書の端っこに「わが心、潑剌《はつらつ》とあれ、今日もまた心楽しく」と書いてありました。「これ、なに？」と、笑って気にもとめなかった一文をいま思い返すと、おそらく父は、研究する楽しさを私にも伝えたかったのかなと思います。「知ることの楽しさ」から人間を遮断できないことを伝えようとしたのかと思います。

「あなたは僕のお母さんですか」

私がウィーン大学で客員教授をしていた一九八〇年代の終わりから九〇年にかけて、出会った難民の救援を始めたのは、ちょうど私の息子たちも大きくなり、家族ともどもつつがなく生きてこられた恩返しをどこかにしたい気持ちになっていたときでした。「自分の幸せを喜ぶだけでは罰《ばち》があたる」というのは祖母の口ぐせだったのです。バルカン半島の内戦の中で孤児になった子どもたちに出会うたびに、十五年戦争を経験した私の子ども時代を思い出していました。配給では、発育に必要なカロリーも満たされず、おやつなどという言葉も知らず、熱を出しても、けがをしても、医師も薬も不足して、そのうえに米を持っていかなければ治療さえしてもらえなかったあのころのことを。何の罪も責任もない子どもたちに降りかかってきた不幸を、どうしたらいいのかと、悲しい気持ちでベオグラードのある孤児院を訪ねたとき、四歳くらいの男の子が私のところに寄ってきて膝に手をまわしながら「あなたは僕のお母さんですか」と聞きました。じっと私の顔を見つめています。

私も、何と言っていいか分からず、だまってその子の顔を見つめました。そばにいた保育士が「ここでは子どもたちに、あなたたちのお母さんがいつかあなたたちを迎えに来る。それまで元気にごはんを食べて、よく眠りましょうね」と言っているのです、と説明してくれました。私は親ではないけれど、せめてこの子どもたちが大きくなるまで、親の何分の一かを代理して見守ってあげたい、という気持ちに襲われました。

それ以来二〇年間、その孤児院を年に何度か訪ねて、奨学金の基金を積み増ししていきました。白血病の子ども病棟にも同じような基金をつくり、思い出ひとつ持たず短い一生を閉じるだろう子どもたちに、絵本やおもちゃ、絵具や画用紙、折り紙、パジャマや夢のようなネグリジェを手作りして贈りました。外出できない子どもたちに生の音楽演奏を聞かせてあげたこともありました。二〇年を経過して、内戦もほぼ収束して、孤児院の最後のひとりが就職し私の仕事は終わったので、高齢になった私は、二〇一四年に、孤児たちの成人を祝う最後のお別れの会をひらきました。子どもたちが現状報告や思い出話に花を咲かせる中で、彼らの健康を守ってきたひとりの白髪の医者がただ一言だけ、「あなたが、子どもたちに注いでくださった愛情は、無限でした」と、挨拶をしました。

無限とは、量的な思考から解放されていることだと、その一言から学んだのです。たしかに支援活動をしている間、「無理をしてやっている」という感情を持ったことは一度もありませんでした。すべてが自然な感情のままに流れていったのです。

一五時間、狭い座席の飛行機の旅を続け、到着した空港から、またガタガタのバスにゆられて故障がなければ六時間で難民キャンプにたどり着きます。日本から同行した若いボランティアの学生たちが悲鳴をあげていても、戦中戦後の苦労に鍛えられている私は、一刻もはやく、と焦る心に支えられて、疲れを感じることはありませんでした。翌日はまた朝五時に起きて、山奥にある病院に薬を届けに行く仕事が始まります。

「何度も、もうここから先は行くことができない、引き返そうとなったときも、暉峻先生は決して、諦めませんでしたね。そして、みんなで相談して、いつももう一つの解決法をみつけだし、希望をたぐりよせました。劣化ウラン弾が、建物を貫通する下で、人道援助活動を手伝ったあの時のことを思い出して、その後も僕は、自分の力を引き出しています。仕事で弱音を吐きたくなると、困難を突破した時のことを思い出して、自分の力を信じる気になります。今、「空爆をして戦果を上げた」といったニュースを聞くたびに、戦果の裏側で「戦禍となった人びと」の顔を思い出します」

何年か後に、就職して社会人になった当時のボランティアの学生が語ってくれた言葉です。彼は、学生だったとき、救援活動を終えてホッとした帰り道にこうも言ってくれたのでした。

「僕はこれまで、偏差値を上げて、合格しそうな高校や大学に入ることが目的のすべてでした。その次は少しでもいい会社に就職することが目的でした。勉強はそのための手段で、これまで、勉強している意味が本当には分かりませんでした。でも、人道支援の仕事をしているうちに、学校にも行けない子どもたちから、そして世界から、待たれている自分を感じました。待っている人たちのために、勉強していたのだと、そしてこれからも待っている人たちのために勉強しようと思っています」

ありがとう、と言ったり言われたり

私が人道援助を続けてきた旧ユーゴスラビアは、内戦が収まっても、いつまでも貧困から抜け出すことができませんでした。人道援助とは、見知らぬ人への援助であり、別れてしまえば二度と会うことのない、見知らぬ人であり続ける人間関係です。家族愛や愛国心とは違い、その行く末も援助した結果も知ることができません。見返りのない自然な市民的愛とでも言えばいいのか、人間としての自然な感情の流れです。

しかし、思いがけない見返りを受けることもあります。私たちが助けた人びとが、二〇一一年三月一一日の福島の原発事故災害を知って、その三か月後の六月初めに、山の中腹のきれいな空気の中で育った野生のブルーベリーを、福島の子どもたちに航空便で送ってくれました。免疫系を活発にする効果があるというので、助けてもらったみんなで恩返しをしようと、一生懸命摘んで、半ばドライフルーツのようにして何キロも送ってくれたのです。

福島の保育園の先生と相談して、災害以来、家を失い、家族を失った福島の子どもたちにしてあげられなかったお誕生会をまとめてすることになりました。そのために、はるばる送られてきたそのブルーベリーを使ったお菓子を焼いて、保育園に届けることになりました。難民援助の初期から、ずっと援助活動を助けてくれた雑誌『婦人之友』の友の会の人たちと、板橋区にある障害者の作業所「赤塚福祉園」で、数百人分のお菓子を焼いてもらうことになりました。

子どもたちが喜ぶお菓子を作るために、赤塚福祉園の指導者や障害者と何度も対話を重ねました。その対話の途中で障害者の人たちはこう言ったのです。

「ニュースで福島の悲劇を見て、無力な自分たちもなんとかして、災害に遭った人を助けてあげたい、二重、三重の災害に打ちのめされた人たちを、何とか元気にしてあげたいと思うのだけど、障害者年金の給付を受け、心身に障害を持つ自分たちには何もできなくて悲しいです」

そこに舞い込んできたのが、子どもたちの誕生日のお祝いに贈るお菓子を作る仕事でした。いつもは短時間しか働けない障害を持つ人も、福島の子どもたちのために長時間、一生懸命にお菓子を焼いたり包装したりする仕事を続けてくれたのだそうです。明け方に車で私の家に届いたそのお菓子は、ボランティアの車に積みかえられて、私といっしょに子どもたちのところに届けられました。

子どもたちのお誕生日をお祝いして帰ろうとしたとき、窓際に駆け寄ってきた子どもたちが、窓から手を振って「おいしかったよー」と叫んでくれました。

子どもたちが喜んだことを赤塚福祉園に報告に行くと、障害者の人はこう言ったのです。「私たちは障害を持っているので、いろいろな人たちのお世話になって生きています。ですから、ありがとうございます、と言うことが多いです。でも、普通の人はきっと、ありがとう、と言ったり言われたりして生きているのでしょうね。それが本当の人生ですよね。私たちも福島の子どもたちからありがとうと言われたことが、今はとてもうれしいのです。ありがとうと言われて、やっと普通の人間の気持ちが分かった気分です」

その話を小さな子どもを持つ福島の父親に話したところ、いきなり彼は泣きだして、あふれる涙を止めることができず、いつまでも泣き続けていました。

私は私で、たとえば生活保護の申請のお手伝いをした家庭の人が、屈辱さえ感じる煩瑣《はんさ》な手続きをしたのち、ようやく給付を受けられるようになると、それでよかった、と終わったような気分になっていたことを反省しました。経済的な自立は、たしかに人間が生きていくためのまず第一に必要な条件です。しかしそれは普通の生活をする入り口であるにすぎなかったのです。「ありがとう、と言ったり言われたりして人は生きているのでしょう」と言われた言葉を、今も忘れることはありません。

恩師との研究的対話

家族やまわりの人びとからだけでなく、大学で私の研究上の姿勢に大きな影響を与えたのは経済学者の宇野弘蔵先生との対話です。宇野先生は個人の対話をとても大事にしてくださる方でした。

宇野先生と出会うまでの私にとっての学問は、難しい問題を理解しようと努力し、それをなんとかのり越える日々でした。

しかし、先生との研究的対話は、まったく自然な言葉のやり取りを通して、私の頭と心の中に飛び込んできて、真理にたどりつく道すじを教えてくれたのです。ハッと気づくその驚きと喜びに、私の思考は根底からゆさぶられ、その余韻はいつまでも心に残り続けました。

それは一対一で、私のために、私の問いに、もっともふさわしい言葉で語ってくれた相手の、人格の内面から湧きでる言葉であったからだと思います。対話には、一方的に話される講義とはちがって双方向からの言葉が往ったり来たりする中で生まれてくる「何か」があります。それだけでなく、学問の世界では拒否されがちの感性が、理性といっしょになって理解を助けてくれます。

大学院時代のことです。宇野先生は、今のような「忙しい忙しい」という教授ではなく、必修のゼミのほかに、ご自分の研究室で毎週向かい合って学生や助手といっしょに一年を通して一冊の本を読みあげる時間をつくってくださいました。講義やゼミと違い、自由な雰囲気の中で、対話の形で、疑問点をどこまでも質問することができる、アカデミックな雰囲気と親しさがあふれる数時間でした。大勢の学生がいる教室の中では、自分ひとりで質問の時間を長く取ることがはばかられて、あるところで終わらせるという配慮が必要でしたが、私的で対話的な研究会では、そういう配慮なしにどこまでも、納得するまでお互いの考えを往復させることができたのです。

本を読むとはこういうことだったのかと、私は読解の仕方をはじめて学びました。それまで私は、ただ文章をなぞって、そこに書いてある意味を理解しながら、文字を目で見ているにすぎなかったと悟ったのです。

数行読むごとに、そこに書かれていることについてお互いに意見を交わし合いながら熟読し、さらに次までの一週間にその意味を発酵させて、読み進んでいきます。質問と答えが連鎖して一日に一ページしか読み進まないこともありました。

あるとき、私は質問しました。

「アダム・スミスは、資本主義社会がいつまでも続く社会だと思っていたので、貨幣の謎を解くことができなかったと、書いてあります。資本主義社会が永久に続くと思っていたら、なぜ貨幣の謎は解けないのでしょうか？」

宇野先生は楽しむように語られたのです。

「人間の社会には、原始時代からずっと続いている共通のものがありますね。たとえば人間はいつの時代にも労働をしてきました。労働がなければ、個人の生活も社会も維持できないのですから、それは当然のことと言えます。日本ではゼネラル・ストライキ（ゼネスト）を経験することがないので、あなたたちは労働が停止した社会のことをリアルな体験として理解することができないでしょう。しかし今、もしゼネストが起こって数日間すべての労働が止まったら、私たちは生きていけなくなり、労働こそが社会を維持している本源的な行為であったことを実感すると思います。個人の側からみても人間は労働によって自分の能力を伸ばすことができ、社会のつながりの中で協働し、技術を伝え合い刺激を与え合って、生産性を上げてきました。生産性が上がれば、それを生活や社会に還元することで福祉社会を実現することもできます。

しかし今、それほど大事な労働は、なぜ賃金労働なのでしょうか。賃金労働とは、他者に雇われることによってはじめて働くことができ、その対価として賃金が得られる、という働き方のことです。言い換えれば自分の労働能力を商品として売り買いしているのです。雇ってくれる（買ってくれる）人が、なければ失業です。——人間の労働能力は人間の身体と切り離すことはできません。あなたはそのことをどう考えますか？　人間にとっての労働という普遍的な行為を、資本主義商品経済の中に無理にはめ込もうとすればそういう形になるのです。

歴史的にみてもさまざまな労働の形態があり、労働が、賦役労働であったことも、農園主のための奴隷労働であったこともあります。小作労働もあるし、独立した中小の自営業者として、自分で生産を管理し労働して、収益を直接に自己の所得とする働き方もあります。家族労働のように共同で働き、労働の成果を共同で消費する共同体的な働き方もあります。それらのことはすでに高校までの学習で周知のことでしょう。

しかし、今では雇われて賃金労働者として働いている人がほぼ九割にのぼります。抽象的に労働という言葉で語られる人間の労働が、時代により社会によりこんなに違うのは、なぜでしょうか。

もし、現在の社会がそのまま昔からあり、永久に続くと思っていたら、なぜ、現在の労働が賃金労働かという疑問も出てこないし、それを究明しようとする問いも出てこないでしょう。

賃金というとき、それは貨幣で買われたもの、という意味です。何でも買うことができる貨幣は、どこから出てきたのか。なぜ貨幣は、商品ではない人間の労働さえ商品化して、売り買いするのか。労働能力を売り買いすることで成立している資本主義社会のもつ特殊性とは何か。それを解くカギは、資本主義社会が唯一の社会のあり方だと、一面的にとらえている場合には生まれてこないのです。人間にとって本来、労働は何のためにあるのか、人間らしい労働とはどんな労働か、という問題意識さえ出てこないでしょう」

私はもちろん、経済史を勉強する中で、人間の労働や共有の形態のちがいについては知っていました。しかし、どの時代にも人間の属性として普遍的に存在するもの(たとえば労働)がある特定の社会(たとえば資本主義社会)では特別な形をとる、という普遍性と特殊性の関係を明確に意識するようになったのは、この対話のあとからでした。普遍性と特殊性をめぐる問題は、その後、制度が違う社会主義国での生活を経験したり、イスラームの人たちの世界に入っても、私の考えにいつも影響を与えることになりました。特殊性を攻撃するだけだと、それが持っている普遍性を別の形でどう実現するかという考えが出てこないのではないかと思考を重ねました。

たとえば「人間はみな違っている」「人間としてはみな同じ」という議論についても、人間の個性は、具体的には特殊性をもってしか現れないけれど、その特殊性の土台には人権のような普遍性があり、共通の土台の上に、はじめて特殊性があること。社会制度としても社会保障制度や社会資本という共通部分が特殊性を支えない限り、個人の能力の発展も社会の発展もないことを、考えるようになりました。

あるとき私は大学の帰りに中央線の電車の中で宇野先生にばったり会いました。いつも質問してみたいことであったので、車内の片隅に並んで立ったまま先生にうかがってみました。

「価格（価値）は商品交換の中から必然的に出てくるものですが、交換がなかった時代、あるいは共同体的な集団の中で、自給自足の経済社会では、需要（欲望）をみたす使用価値だけしかなかったのではないでしょうか。需要（欲望）があれば、それに従って経済活動が行われる、と考えてもいいのではないでしょうか」

宇野先生は、私を納得させるのに、どういう答え方をしたらいいかとしばらく考えておられるようでした。

そのうちに降りる駅がきて私たちは別れました。

二、三日して、大学の構内でたまたま出会ったとき、先生は私の顔を見るなり、すぐさま、

「君ね。この間の話だけど、需要だけで経済的な活動が行われるということは、そのように見えるけど、やっぱり価格の概念は市場が発達していなくてもあるのだと思いますよ。需要があっても人間の働ける労働時間は一日のうちにたとえば一〇時間しかないとしたら、その限られた時間の中で自分のエネルギーをどのように配分して使ったらいいか、人は疲労という制限の中で昔から考えて行動したでしょう。欲望があっても、それを優先しないこともあったでしょう。市場による価格の役割は、需要と供給を調節することを通して、その社会に資本と労働をどのように効率的に配分するかを決めているわけですが、それと同じことを、価値や価格という言葉でなくても、昔から人間は労働するときに、労働時間とエネルギー、稼働させることができる総労働、そして将来の生産性のために、表面的な欲望や需要とは違う、もうひとつの計画的で、構造的な判断をしたと思います。使用価値と価格という二つの側面は、いつの時代にも形を変えて経済行動を導いてきたと言えるかもしれませんね」

と答えてくださったのです。

もう一つ、忘れられない宇野先生との対話の思い出があります。雑談をしていたとき、「僕はね、東北大学に赴任したとき、担当させられたのは「経済政策論」という講義だった。当時、経済政策という学問分野は傍流で、本格的な研究書もないので、夢中になっていろいろな本を読みあさった。その中で、『資本論』にぶつかって、とても大きなヒントを得たのです。多くの研究者が専門にしたがる伝統的な学問分野でなく、陽のあたらない傍流の学問分野から経済の本質を見直してみるのも、新しい発見があるものです。僕の論文で注目されているものは、傍流の視点から自分で考え抜いたものなのです。自分で開拓しようとすれば、先人の論説に依存するだけでは足りないので、必死になって自分で考えようとしますから」

そのころ、私は陽のあたらないエルンスト・エンゲル（一八二一〜九六年）の『ベルギー労働者家族の生計費』（一八九五年）という本を読んでいました。原論や学説史や金融論などの経済学の本流の人が、めったに読むことがない原典です。

プロイセン王国の統計局長であったエンゲルの名前は、生計の貧困度を測る指標としてのエンゲル係数で知られています。

しかし彼の目標は生計調査にあったのではなく、真の意味での国力とは何か、ということにあったのでした。彼は書いています。

「生産にかんしては、世界中でもっとも技量のある国民でありながら、同時にもっともみすぼらしい国民であることもあり得る。強力な国防力とともに国家の破産が起こる場合もある。最善の病院があるにもかかわらず、国民が貧困と窮乏のうちに病弱であることもあり得る」

「各国の経済力は物的生産量等で比較するのは無意味で、経済力を表す真の指標は、それぞれの国民の生活水準、つまり福祉の測定としての生計費である」

と看破したのです。

そのころ、経済学は何のためにあるのか、と自問していた私は、生活の福祉水準から一国の経済を分析する、というエンゲルの学問の方法に、新しい希望を持ちました。

そしてその後、その視点は、私の研究を一貫するものになりました。

対話の思い出がない？

私には、そういう忘れられない数多くの対話の思い出がありましたから、ある合宿形式の講座の講師をしたとき、参加者にどんな対話の思い出があるか、聞いてみることにしました。

受講生の多くは、専門学校や四年制大学の学生と、すでに社会人として働いている人たちでした。彼らは私の問いに対して「対話について、あまり覚えていることはない。それは日常生活の中にふつうにあったと思うのだけれど、とくに、その影響や意味を意識したことはない」

と言いました。

私はそのとき、対話がないというそのことが、さまざまな意味で日本の自立した市民社会の未熟さを象徴しているような気がしたのです。

市民社会での個人主義が成熟した国では、まだ幼い子どもに対しても、子どもの言い分をじっくり聞き、親の意見を分かりそうにない子どもにも丁寧に説明します。私のドイツの友人は、中学生時代に原発について親と議論して、親は脱原発が非現実的な議論であることを強く主張しました。しかし子どもの脱原発の主張を、非現実的な議論だと言いつつも、尊重して、最後まで否定することなく聞いてくれました。一人前の人間の考えとして相手にしてくれたそうです。それから、数年たって、福島の原発事故を知ると、当時、友人はもう独立して遠くに住んでいたのに、父親がすぐに電話をしてきて、「パパの考えが間違っていた」と詫びたそうです。

なぜ自分たちの思い出の中に、対話がないと思うのか、それをまず受講生に聞いてみました。以下はそのやり取りの要約です。

・親が子どもに話すときだって、対話であるためには、子どもの人格が認められていないと、親に主導権がある一方的な説得になってしまうでしょう。この点では、日本の親は子どもを一人前の人格として認めていないと思います。一人前ではない劣った人間として、愛していると思います。

・学校教育でも先生に一方的な権限がある限りは、対話は成り立ちません。会社でも上下関係や職制上の平等がないから、難しいのではないですか。労働組合や友人関係ではどうだったかなぁ。職場の人事異動命令や業務連絡や伝達や研修などとは別に、お互いが対等な立場で自由に話し合う対話がないと、人間的な集団を支えるバランスが壊れてしまいますね。
・対話が人間的なものであるとすれば、理屈だけでなく人間的な感情も論理も含んだ話し方でなくてはならないでしょう。どっちか一方だけの話し方では対話にならない。つまり、人間の持つ全体性で語ることができなければ、人間が人間に対する対話にはならないのではないでしょうか。マニュアルだけで動かされる職場は非人間的ですよね。

では、どうしたら対話したい気持ちになるのでしょう?

・忙しい忙しいと言っている生活では、したくても対話ができない。
・今は対話というより、一方的な命令・伝達・業務連絡がすべてです。昔は学校の職員室で教師仲間や事務職の人とも対話があったと思うけど、今、職場に対話はないです。
・他者の存在を価値あるものと認め、対話によって、より豊かで多様な考え方に触れ合うことを楽しみにしている人は、対話できる雰囲気を持っています。

- 日本ではそういう価値観を持っている人は少ないのでは？　教育の世界も一方的なタテ社会関係だし。対話するより指導書にしたがって一方的に教え込むほうが手っとり早いし、面倒ではないから。先生はそれぞれの生徒の個性に合わせて説明するような、豊かな知恵を持っていませんよ。
- 日常的に対話しやすい雰囲気があるところでは、仕事の組織としては上下関係があるけれども、人間としては平等だ、という考え方が流れています。上役になったから、人間としても優れているという態度をとる職場では、対話はないでしょうね。対話があるところでは、主張するだけでなく聞くことが大事にされている関係がある、と思います。
- 権力、金力、暴力という「力」では解決できないことが分かり、対話に頼らざるを得なくなって、仕方なくそうなる。回り道のようでも、そうなってはじめて対話による解決が根本的解決になることがやっと分かる。
- 私は中学の教師ですが、ひとりの中学生がホームルームで語った言葉は真実を言いあてていると思いました。「小さなコミュニティで話し合うことの心地よさを体験したら、その後、高校でも大人になってからも、その心地よさを外に広げていくようになると思います。対話の経験は、大人になって経験する討議・討論の場で異なる考えの人びとと話し合うときの土台になると思います」

・中学時代と高校時代は、人生の中でいちばん友だちと話し合い、討論し合うことが好きな時期です。社会的な出来事や、読んだ本について、趣味や特技について、他者との対立や悩みについて話し合うことが楽しい時代です。その経験を持たなかった私たちの青春は、ちょっと貧しすぎて危ない気がします。

・自己防衛本能が強い人とは、対話はできません。

私は、別世界の人の言葉を聞いているようなある種の異様な感じにつつまれて彼らの意見を聞いていました。なぜ、彼らには対話の思い出がないのだろうか――。

私が子ども時代を過ごした戦前は、命令はあるけれど対話がない時代でした。自立した個人も対等な人間関係もない軍隊の文化が、社会全体に浸透していた時代でした。ですから、私の対話の思い出は、家族とかごく身近な人との間に交わされた話し合いに限られています。社会の中で、一般の人との対話を意識したのは社会全体が自由な雰囲気になった戦後のことでした。

戦後の自由な言論の中で、なぜ対話がほとんど何の役割も果たしていないのだろうか。

自主的な議論を許さなかった独裁権力の代わりに、効率性と利潤追求が対話を奪ってしまったのか。あるいは、あいかわらず上意下達の一方的な命令の仕方しか知らない日本の社会が、空気を読んで決めてしまう事なかれ主義をいまだによしとしているのだろうか。

本との対話

しかし、そうやって受講生たちと話し合っているうちに、生の人間との対話ではないけれども、本の中の対話に、胸に響いて忘れられないやり取りがあり、人生の時々に思い出して、生きる支えになっている、という人が出てきました。それはどの本のどんな文章だったか訊いてみました。なぜその対話に惹かれるのか、という理由をそれぞれの受講生はなつかしそうに説明してくれました。それを聞いているうちに分かったことは、受講生たちがこの世で得られなかった対話の経験を、本の中に求めている、ということでした。それは対話に対する彼らの魂のあこがれの反映だったのです。

［Aさん］

「私が忘れられないのは『星の王子さま』（サン＝テグジュペリ、内藤濯訳、岩波書店、一九五五年ほか)の中の、王子さまと砂漠でめぐり合った飛行士の対話です。あの二人の対話は、言葉の何倍もお互いの心が分かり合っている対話だと思いました。

私も人生の中で、時々でもいいから、そういう分かり合える人との対話ができたら、どんなに幸せかと思います。

王子さまと飛行士は、あるとき、こんな言葉を交わします。

「ぼく、いつか、日の入りを四十四度も見たっけ」

「一日に四十四度も入り日をながめるなんて、あんたは、ずいぶんかなしかったんだね?」

たぶん子どもは学校でいじめに遭ったり、誤解した先生にひどく叱られたりしたときに、家に帰ってそのつらい気持ちを親に話そうとはしません。

そんなとき、もし子どもがいつもより学校から遅く帰ってきて、「テントウ虫が草の葉に止まっているのを見ていた」とぽつんと言ったら、「早く帰ってこないと塾に遅れるよ」と親は言うのでしょうか。

最近、悲しみを察し合える人と出会う人生の幸せに、あこがれるようになりました。

王子さまと飛行士が、あれほど分かり合えたのは、誰もいない砂漠の静寂の中で対話する二人だけの世界だったからかもしれませんね。そして命の限界を知っている二人だったからかもしれません。

いまは、あまりに多すぎる騒音と情報と物質の中で、対話する環境がない社会なのかもしれません。そして、その空洞を埋めるように、スマホが手放せないのかも。対話がない社会って、とても大事なものを失った社会だと気がつきました。

［Bさん］

夏目漱石の小説の中でも難しいといわれる『行人』という小説が好きです。

私にとってても難しい小説で、著者が何を言いたかったのか、今でも分かったとは言えません。でも心を惹かれるのは、人間の原罪とも言えるような不安について、あの時代はまだしも日常の言葉として対話できたということです。でも今の私たちは、人間にとっていちばん大事なことを自覚しないようにして、不安を抱え込んでいるだけです。

主人公の学者である一郎の、高校時代からの友人であるＨは、一郎の家族に頼まれて、ノイローゼ気味の一郎を旅に誘います。その旅の中で交わされる一郎とＨの対話が、もっとも魅力があるこの小説の後半の部分です。

一郎　人間の不安は科学の発展から来る。進んで止《とど》まる事を知らない科学は、かつて我々に止まる事を許してくれた事がない。徒歩から俥《くるま》、俥から馬車、馬車から汽車、汽車から自動車、それから航空船、それから飛行機と、どこまで行っても休ませてくれない。どこまで伴《つ》れて行かれるか分からない。実に恐ろしい。

H　そりゃ恐ろしい。

一郎　君の恐ろしいというのは、……実際恐ろしいんじゃないだろう。つまり頭の恐ろしさに過ぎないんだろう。僕のは違う。僕のは心臓の恐ろしさだ、脈を打つ活《い》きた恐ろしさだ。

一郎は山の茂みの中に咲いている百合をさして、「あの百合は僕の所有だ」と言い、足元に見える森や谷をさして、「あの山や谷も僕の所有だ」と言います。その意味を質問しても一郎はたださびしく笑うだけです。

Ｈ　君は山を呼び寄せる男だ。呼び寄せて来ないと怒る男だ。……なぜ山の方へ歩いて行かない。

それは一郎にとっても、分かっていることでした。

彼は自分がこれまで養ってきた高い知性と倫理、芸術性と鑑識眼、自分を客観的に見る力、自己の中の矛盾を認める冷静さ……それらの基準を生活の中心としなければ、生きていられないのです。それをなげうって幸福を求める気になれないのです。

あるとき、庭のススキの根っこから指の爪ほどの小さな蟹がぞろぞろ出てくるのを、我を忘れて一郎は凝視していました。その一郎にＨは、語りかけます。

Ｈ　先刻《さっき》君は蟹を所有していたじゃないか。絶対に所有していたのだろう。君は絶対々々といって、この間六《む》ずかしい議論をしたが、何もそう面倒な無理をして、絶対なんかに這入る必要はないじゃないか。ああいう風に蟹に見惚《みと》れてさえいれば、少しも苦しくはあるまいがね。まず絶対を意識して、それからその絶対が相対に変る刹那を捕えて、そこに二つの統一を見出すなんて、随分骨が折れるだろう。……それより逆に行った方が便利じゃないか。
一郎　逆とは。
H　つまり蟹に見惚れて、自分を忘れるのさ。自分と対象とがぴたりと合えば、君のいう通りになるじゃないか。
一郎　そうかな。
H　そうかなって、君は現に実行しているじゃないか。

Hは、一郎のことを心配している一郎の弟、二郎への手紙で、次のようにいいます。

いわゆる物を所有するという言葉は、必竟《ひっきょう》物に所有されるという意味ではありませんか。だから絶対に物から所有される事は、即ち絶対に物を所有する事になるのだろうと思います。


対話の思い出として、『行人』をあげたその受講生は言いました。

「私は、二人の対話の意味を理解しているわけではないのです。でも、所有することは所有されるということ。自分と対象がぴったり重なれば、自我はなくなるではないか、という問いかけ。一郎の苦しみに対して、こんな対話をしてくれる友人を持つということは、なんて羨ましいことでしょう。

二人とも、相手を傷つけるとか、どう思われるか、というような意図的なものは何もなく、自然のままに、あるときは興奮して平手打ちをくわされたりしても、自分の全人格を開放して、Hと一郎は対話しています。結論が出なくても、誠実に、真面目に、お互いに対して敬愛の念を失うことなく、逃げたりごまかしたりせずに対話をしています」

私たちはたくさんの人の間で、親しそうに話し合っているように見えるけど、相手の気持ちを忖度して、ありのままの対話ができていません。傷つけたり傷つけられたりすることを怖れて対話を避け、お互いに深みにはまらないようにしている感じです。それは学校の友だちでも同じでした。

［Cさん］

僕は中学生のときに読んだ『オオカミに冬なし』（リュートゲン、中野重治訳、岩波書店、一九六四年）の中の対話が強く記憶に残っています。

この物語は、実際にあった話で、若い医者で人類学者のマッカレンが、大統領の命令書をたずさえて、無学で年老いた砕氷船の運転士、ジャーヴィスとともに、北極海のバロー岬で氷に閉じ込められた七隻の捕鯨船の乗組員、二七五人を助けに行く話です。

人生の経験も専門もまったく違うこの二人が、考え方の相違から、激しい意見の衝突をくり返しながらもしだいに相手への信頼を強めていく、赤裸々な対話が、忘れられません。

たとえば二人の間に交わされた激論は次のことでした。捕鯨船の乗組員の命も、エスキモーの命も、同じ人命であるはずなのに、途中で出会う死にそうなエスキモーには目をつぶって、なぜ捕鯨船の乗組員だけを救援しようとするのか。若いマッカレンは、ジャーヴィスの名誉欲・出世欲が救援の動機だからだ、と非難します。

「ほんとに、正直になってください、ジャーヴィス！　あんたは、この任務ということを楯にとって、……この仕事をやりとげたときの名声、それから、この名声から出てきて、しまいにあんたのものになりそうな利益ですよ。この計画に、あんたは、ただただ人を助けようってんで、乗りだしたんですか、それとも、そこから何か、じぶんの利益がひきだせそうだということもあって、乗りだしたんですか？」

それに対してジャーヴィスは答えるのです。

「あんたの考えは、まったくよくわかります。……しかし（救援は）……残酷であることなしには、すませないんです。大都会の貧民街の牧師だったにしろ、看護人として疫病地区へはいってゆくにしろですよ。彼は、どこかしらから、手をつけなけりゃなりません。八方から、助けを求めてさしのばされた手のまっただなかへ、そのどれかを、めくらめっぽうにつかみ出す握りこぶしでもって飛びこんでゆかないじゃ、実地の救助ってことはありはせぬのです。このたくさんの手のなかの、どれか一つをひっつかまえる、そしてそこから、救助をはじめなけりゃならぬのです。そうでなけりゃ、行動のない、ただの同情に流れっちまいます。……」

この論争のあと、長い時間がたった後で、マッカレンは静かに言います。

「あんたのいうとおりです。ジャーヴィス——わたしも、頭ではよくわかります。心もちとしては、まだまだ納得できないですけれど。わたしは、エスキモーたちの悲惨については、共犯だという気もちを、わたしたちの旅行のあとあとまで、持ってくだろうと思いますよ。……あんたは、わたしが今まで、ぼんやりと想像してみたことさえ一どもなかった何かを、教えてくれましたよ。今までのわたしは、人間のあいだを、森のなかを歩くようにして歩きまわっていたんです。わたしは森を見て、樹々を見なかったんです。人類という観念を見て、人間を見なかったんです。あんたが、ジャーヴィス、人間を見ることを教えてくれたことに、お礼をいいます」

私は、この本の中の対話を読んだときに、胸が熱くなり、こんな対話と論争こそ、真実をみつめた心からの対話だと思いました。そして、やさしい思いやりや、慰めや同情だけが、本当の対話ではないことを知りました。対話が、お互いを育てるものであるためには、心からの言葉でなくてはならないこと。人生の経験と思索の積み重ねがなくてはならないことを知りました。「木をみて森を見ない」という言葉は、上の人が下の大衆を俯瞰《ふかん》していう言葉ですね。生活保護費のカットや医療費の自己負担増に反対すると、「国の財政は苦しいのだ。反対する者は木をみて森をみない」というように。でも僕は木があって森があるのだと思います。

［Dさん］

もう、ずいぶん昔のことです。私が文学部の学生だったとき、エッカーマンの「ゲーテとの対話」（エッカーマン「ゲーテとの対話抄」伊藤武雄訳、『ゲーテ全集　第11巻』人文書院、一九六一年）という本を読んで、レポートを出す宿題がありました。もうほとんど覚えていませんが、その中に忘れられない対話のひとこまがありました。

このゲーテとの対話が書かれた時代は、レコーダーもパソコンもなかった時代ですから、エッカーマンは、ゲーテと楽しく交わした対話の記憶を、帰宅して思い出しながら日記風に書きつづりました。インタビュー記事でもなく、速記録でもなく、出版も念頭に置かず（のちにエッカーマンがゲーテに出版の話を打診したとき、ゲーテは断っている）、お互いの才能と人格への信頼から、自由に話し合った対話の記録です。

それだけに生活そのものの中から自然に立ち現れてくるゲーテの言葉、芸術と学問に対する深い造詣、ゲーテの内面的な豊かさが感じ取れるものになっています。

この対話の記録を残したエッカーマンは、一七九二年に商人の子どもとして生まれました。

彼自身は詩人になりたくて、ゲーテに大きなあこがれを抱いていました。一八二三年五月、自著の「ゲーテを中心とした文学論」の原稿をゲーテに送り、六月一〇日、ワイマールのゲーテの家を訪問します。ゲーテはまったく偉ぶったところもなく、温かく彼をもてなし、彼の論文を褒めて感想を述べただけでなく、出版社に推薦する労を取ったのです。当時エッカーマン三一歳、ゲーテは七四歳でした。

ゲーテは、エッカーマンの判断力と「善良で、繊細で、思慮のある」人柄に惹かれて、彼をワイマールにひきとめ、ゲーテ全集の編纂者の一人として、また、ゲーテのもっとも優れた助手として、自分のそばにとどめさせることにしました。「ゲーテとの対話」は、その結果、世に出ることになったのです。

この対話の中でエッカーマンは個人というものに対するゲーテの確固とした信念に感動します。たとえばそれは次のような言葉です。

ゲーテはダンテのことを心から畏敬の念をもって語った。ことに私の注意を引いたのは、ダンテのことを才能などと呼んだのでは気が済まなくて、自然と呼んだことだ。多分この言葉で、もっと包括的なもの、もっと予感の豊かなもの、もっと深く広く自分の周囲を見ることのできるものを、言い表そうとしていたのであろう。

その人独特の自然とは、才能などという特殊な領域よりもさらに大きく深い生そのもの、人格の全体性に由来する思考、感情、行動の源にあるものをさしているように思えます。私も無意識という部分も含めて、自分の自然にしたがって生きていますが、才能とか、信念よりもっと大きな自分の生き方そのものである自然をどうやって培っていくのか。ゲーテの自然という言葉によって考えさせられたのです。たぶん、自然という言葉には、個性を持つ人間が、その根底に持っている普遍性を含んでいるのでしょう。

愛国心についてゲーテが語っているところも彼の個人に対する信念を語っています。

いったい祖国を愛するとはどういうことか、愛国的な活動とはどういうことか。詩人が生涯を通じて、有害な偏見とたたかい、狭量な見解を追い払い、国民の精神を啓発し、その趣味を純化し、心の持ち方と考え方を気高くしようと努力しようとしたならば、一体それ以上に何をしろと言うのか。どうしたらもっと愛国的な活動だと言うのか。

その通りだと私も思います。日の丸・君が代だけが愛国心ではなくて、自分の天職に誠実であることが国と世界の人びとへの愛だと思います。

あるドイツ女性との対話

対話から得たものについて、何人かの思い出を聞いた後、受講生から最近どんな対話が印象に残っているかと質問されました。

対話についての言い出しっぺは私でしたから、しばらく考えて、私がジーグリッド・アーノルドというドイツの女性と一日かけて濃密な対話をしたことを話しました。この女性は戦後生まれで学生紛争時代を経験し、シュトゥットガルトとベルリンの大学の経済学部を卒業し、一六歳以上の生徒が通う職業高校の先生になりました。二〇年前からの私の親しい友人のひとりです。最後に会ったのは二〇一四年の秋でした。ここでお話しするのはその時のことです。

ドイツの学校教育が日本とは大きく違っていることは日本でもかなり知られています。しかし、そういう教育が学校を卒業したあとの生徒の人生に、あるいは市民社会にどんな影響を及ぼしているのか、私はそれを知りたく思いました。学校教育だけが立派でも生徒が社会人になったとき、教育の成果が平和や福祉に貢献していなければ何の意味もないからです。

暉峻（以下、Ｔ）　日本に比べると、ドイツのナチス時代に対する歴史教育は徹底していて、保守的な政治家であってもナチズムに対してははっきりと批判的立場をとっています。そういう教育を受けた人たちがその後、社会人として、どのように生き、世界をどう見ているか、教育にははたしてそれだけの影響力があるのか、あなた自身の人生体験をうかがいたいのです。

ジーグリッド（以下、Ｓ）　ドイツの現代史についての歴史教育は、ナチスの反省だけでなく、よき社会人・よき地球人を育てることを目的としていると思います。

自分の人生に、ドイツの歴史教育がどのように影響しているかを考えると、

•世界の中のドイツ人という視点で、物事を見るようになった。

•一面的な見方ではなく、多面的、批判的に物事を見るようになった。もともと批判精神がなければ、社会に関心を持つことはできない。

•倫理的に、歴史と人間の持つ矛盾を考えるようになった。自分はナチス政権当時に生きていたらどう判断し、行動しただろうか？　普通の人であった人たちが、なぜあれほどの残虐な行為をしたのか。キリスト教よりも、もっと身近なところで人間の持つ原罪について考えた。

・理屈を超えて、人間の心にあるもの、たとえば同情心というものの存在について考えている。
・民主主義とは個人が絶えず育てるものであり、作っていくものだ。自分が何もせず、社会に依存しているだけだと、民主主義は必ず崩壊する。だから自分が民主主義に対して一市民の責任としてどんな行動をしているかを、たえず振り返えるようにしている。

たとえば大学の友人が軍隊に入隊したとき(ドイツは二〇一一年七月から徴兵制はなくなり、現在、志願兵制度になっている)、「軍隊の中にあっても、自分の良心にしたがって行動すること、批判精神を忘れてはならない」という大統領演説があったことは聞いていたが、大統領だけでなく直属の上官も同じ訓示をしたと聞いている。軍隊といえども個人の良心を侵してはならない、という民主主義の原則が生きているかどうかを、たえず注視している。

Ｔ　でもそれは名目だけで、殺し合う軍隊の中では、そうはいかないのではありませんか？　沖縄でもアメリカ海兵隊は、なんど告発しても同じような人権蹂躙《じゅうりん》をくり返しています。戦争に勝つためなら何をしてもいいというのが軍隊の本質でしょう。軍隊というところは市民社会の常識を忘れさせるところだと聞いています。

Ｓ　もちろんそういう面はあります。だけど、大切なのは次のことです。

国民に公開され約束された法というものがあるからこそ、誤った現実が初めて質《ただ》されるのです。憲法はもとより教育基本法、その他の法令、条例等、それらが改悪される場合の悪影響を日本人はもっと深刻に考えるべきではないでしょうか。日本のように時代が変わったからとか、部分的な改善だからとか、巧みに正当化されて改悪されそうになったとき、徹底的に闘わないと、どんどん崩されていって、闘う術さえなくなる。

T　それはそうだと思います。しかし権力を持つ側に莫大な政治資金が集まり、宣伝や世論操作が情報関連会社などを使って日に日に巧みになり、それに対抗して市民が真実の情報を知るのが追いつかない。日本の新聞は、ドイツのように批判的ではない。市民のほうも、どうせダメだと諦めて、政治社会に無関心になり、自分個人の生活の利益を守ることだけに閉じこもってしまう。そのような傾向に対して他の民主主義国の市民はどのように対処しているのでしょうか。

S　だからこそ教育や市民運動が必要なんですよ。社会的公正や、人間の尊厳を守る社会保障や格差の是正や、五〇年、一〇〇年先の子どもの幸福のために何をすべきかは、自由放任の競争社会からは自然発生的に出てこないのです。

原発のゴミ処理問題一つを考えても、今の利益のために将来が犠牲にされています。経済の自由と人間の自由は両立しないのです。だからこそ学校教育ではくり返しくり返し実利だけにとらわれずに、人権や、未来のことを話し合う必要があります。形式的なスローガンとしてではなく一人ひとりと対話して心から納得するものにしていかない限りは自覚した力にはならないと思います。

そういう意味では、教育の中でワイマール共和国からナチスの時代までの活発な討論を学校で経験できたことは、私のその後の人生にいい影響を与えていると思います。国際的な集まりの中でも、ドイツ人は政治や社会に対して、より積極的な関心を持っている、と言われます。

T　日本は、たしかに民主主義社会の制度はあるけれど、空洞化しているかもしれません。同窓会で昔の友人たちと話し合っても、PTAや近所の人との集まりでも、政治の話をすると特別な目で見られて、話題にしにくい空気があります。ドイツでは、列車の中で隣り合わせになった人とでも、社会問題や政治問題を話すことはごく自然ですね。政治が日常の中にあるようですね。でも、日本でも違憲の「戦争法」(安全保障関連法)が二〇一五年に国会を通るとなると、若い人も市民も老人も自発的に国会前に駆けつけて、反対を叫び、あちこちでデモや集会が開かれていました。国民全体でみると何%の人か分かりませんが、民主主義は生きのびていると希望を持ちました。

S　いま、ドイツにはポーランドからの移民が多い。ポーランド人は、ドイツ人と違う環境で生活してきたし、貧しい人が多い。ベルリンのポーランド人が盗みを働いたり、仕事をごまかしたり、ごみ処理や社会的な決まりを無視することがあって、地域住民から疎外されているのは事実です。現実に、ポーランド人の犯罪が多発したとき、地域住民からポーランド人の悪口が堰を切ったように口々に出てきました。

その中で、あるドイツ人が、ポーランド人の生活環境とドイツ人の生活環境の違いを話し、貧しい移民というものがそれまでとまったく違った環境の中で暮らしていくことが、どんなに難しいかを話しました。その話によってその場の空気が変わって、非難する人びとが、少しでも理解しようとする雰囲気になっていくのが感じられました。

同じようなことが別の地域で起こったときも、必ず誰かが自分ひとりであっても、勇気を持って正しいと思う意見をキチンと言う。日本に滞在したドイツ人が言うには、日本では明らかに不当な目に遭っている人がいても、人びとは見て見ぬふりをする、と。これは学校教育の違いではないかと言っていました。

Ｔ　たしかに日本ではあきらかな政治や行政の不当行為に対して、また、子どものいじめや暴力に対して見て見ぬふりの人は多いですね。日本の教育は競争教育に偏りすぎ、エリート校、大企業に合格するのが第一目的です。日本人は協調性が大事で、反対意見を言うことに臆するところがあります。いじめの問題が起こったとき、心では助けたいと思っても、自分に難が及ぶのをおそれて、友だちが誰も助けない。事なかれ主義ということがしばしば問題になります。そういうことは会社の中の会議でもあるし、不正に対する自浄作用や内部告発が起こりにくいのはたしかです。

S　二〇〇三年のイラク戦争の際、イラクにあるアブグレイブの刑務所で、アメリカ兵がイラクの兵士を裸にしたり、犬に襲わせたりして、拷問や虐待があったことが報道されました。人間には誇りがあって、それを踏みにじられると抵抗が生まれるのです。人間の誇りを奪うことは、大きな犯罪です。もしかして、教育の中の過度な競争も、子どもたちの人間としての誇りを失わせるのではありませんか。

ドイツではワイマール共和国からナチズムの時代までについての授業は、社会科や国語などの授業だけで行われるわけではありません。外国語の時間、芸術の時間、自然科学の時間でも、教師の豊かな教養に応じて語られています。

教師には人間性豊かな教養が必要です。知識としてだけではなく、現在の生き方、現実と結びつけて歴史を語ることができる教養です。もし、現在、ナチス時代と同じようなことが起こったらどうするか、その時代に対する想像力と判断力、意志の力と実行力などについて生徒たちは議論をします。しかし教師の教養はまちまちです。優れた教師もいるし、そうでない教師もいる。教員同士の助け合いや、共同研究や、相互批判が教師の間で自由に行われなければ、教養を高められません。何よりも教師には自由とゆとりが必要です。

Ｔ　ドイツには少人数学級や個性を尊重する教育の仕方、メディアの批判精神、自然との共存、原発問題への政府の姿勢など感心させられるところがいくつもありますが、それは戦後どのようにして一般化したのでしょうか。

Ｓ　ドイツも一九六〇年代までは歴史認識の教育がきちんと行われていたわけではありません。四か国に分割統治されていたし、教師もいろいろで、優れた教師も、そうでない教師もいました。ただ共通していたのは、すべての教師が戦争中のことを隠すことをしなかったことです。事実を隠せば人びとに正しい判断はできません。

ドイツでは六八年からの学生運動が社会を変えたと思います。社会全体が政治のことを考える「社会の政治化」がありました。親の世代への懐疑・詰問・原因の究明。その時代、政治に関心を持たない人はいなかったと思います。

学科の名前も変わった。それまで「公民科」だった学科に新しく「政治学科」ができて、それは新鮮な驚きだったことを覚えています。政治というものの重要性をひしひしと感じました。

ドイツは東西の壁があっても、東ドイツと西ドイツの両方を経験した人はたくさんいました。東ドイツ生まれのルディ・ドゥチュケ(一九四〇~七九年)が、学生運動の先頭に立ち、「人間の人間に対する非暴力思想」がその旗印になりました。彼は、六八年の四月、右翼に狙撃され、奇跡的に一命をとりとめました。ベルリン自由大学で博士号を取り、「緑の党」の成立に力を尽くしました。それらを見て育つことが子どもたちにとって重要なのです。

大学でも日独同盟の文化活動をした人は、全部大学から追放されました。ドイツ人からみるとナチスに協力したドイツ文学者の作品を当時、無批判に日本語に訳し紹介した日本のドイツ文学研究者が戦後ひとりも追放されていないのが不思議です。

社会主義と民主主義を経験して、この二つの間の断絶も経験した私たちは、二つの価値観を経験することによって、根本的に物事を考える思考の枠組みが定着したと思います。日本人は二つの原理以前に、思考停止状態ではないですか。日本に留学したドイツの学生は、日本の若い学生が、高校や大学時代に哲学の本を読んでいないことに驚いています。根本的に物事を考える人が少ないのはそのせいではないかと。

日本の政治家や市民で、「過去のことは終わりにして、新しい関係を」などと言う人がいますが、それは加害者のほうから言う言葉だろうか、と首をかしげます。侵略された被害国のほうから、「もう謝罪は十分にしてくださいました。これからは新しい関係を」と言うのなら分かりますが、加害者のほうから、もうこれで、と言うのは、その国の国民の倫理観にもかかわることではないかと思います。再び同じ過ちを犯す危うさを感じます。

もし現在、学校教育が、ナチズムのことを教えなかったら、今の子どもたちはナチスの時代のことを昔のことと考えて、しだいに関心を持つことはなくなるでしょう。歴史教育の具体的なやり方については学校と教師に任せられていますが、収容所見学の前に、入念な授業があり、それ以前には教師の研修もあります。生徒は収容所見学が終わったら、レポートを出すことが決められています。

収容所見学のあと、すぐに解散して、地下鉄などの人ごみと騒音の中に紛れ込むと、収容所で生徒の感じたことは、情緒的に薄れてしまうでしょう。解散前にしばらく収容所の静寂の中にとどまって、一人ひとりの生徒が思いをめぐらすように教師は配慮します。一人ずつ静かに草むしりを手伝ったり、スケッチをしたり、回想したりして、囚人がここで何を考え希望のない日々を送ったか、収容所で聞いた説明を再度思い出しながら半時を過ごします。

その後、二、三日して、ＳＰＤ（ドイツ社会民主党）の綱領を作成した幹部の人と、それを助けた学者たちと、長時間の対話を経験しました。そこで話し合われたのは、次のことでした。

資本主義の勃興期には、資本主義の欠陥である低賃金や失業や無診療や、働けなくなってからの老後問題、公衆衛生や公教育の欠如が、目に見える形で迫ってきたために、誰の目にも、資本主義の反人道的悪の側面が認められ、資本主義に対峙する社会主義社会という、もうひとつの社会のあり方が、現実の問題として出現しました。資本主義は社会主義革命を恐れて、社会保障の制度を取り入れ、生き延びました。

しかしマルクスの理論や現実の社会主義国家の誕生で、人びとには、資本主義社会が唯一の社会ではなく、もっとほかの社会のあり方が可能であることが認識され、世界はただ一つの資本主義思想で支配されることはありませんでした。

金融資本によるグローバルな資本主義が世界を圧倒している現在、それに代わる対抗的思想と現実社会はあり得るのか、世界が思想的にも経済的にも、一つの価値観、一極支配に圧倒されるようになると、改革の芽はどこから出てくるのか――、そういう議論が、延々と続きました。

そのときある学者が静かに、しかし自信に満ちて言ったのです。

「このドイツの社会には、さまざまな思想家がいました。カントもヘーゲルもゲーテもニーチェもマルクスも、マルティン・ルターその他もです。今これらの名前を知っている人はそれほどいなくても、これらの人が残した思想は生活と社会の中に生きていて、決してただ一つの価値観、金もうけの思想になぎ倒されることはありません」

私がドイツ滞在中に交わした対話の中でとくにずしりと胸に響いたのは、この静かな学者の言葉でした。今も痛みを伴うこの言葉をよく思い出します。

第2章　対話に飢えた人びと

――対話的研究会のはじまり

私の住居から一〇分ほど離れたところに、魂の飢えに応えずにいられなくなった、とでもいうように、住民たちが立ち上げたユニークな「対話的研究会」があります。

誰でも参加できます。みな自転車で来られる距離の人たちで、職業も、生活もいろいろ。今、三五人ほどの仲間が(仕事の都合で、実際には二五人前後の集まりになることが多い)楕円形の大きなテーブルを囲んでお互いの顔を見ながら、自分の生活やそのまわりに起こる事件と、社会、政治、経済とがどんなつながりを持っているのか、対話を通して勉強しています。そして本や新聞で知る知識と自分の生き方をあらためて問い直しています。

対話的研究会は、もう七年も続き、皆勤の人も少なくありません。

その研究会ができたのは、思いがけないことがきっかけでした。考えてみれば、それは思いがけないことではなく、対話欠乏症の社会に対する、鬱積した魂の飢えが噴出した結果だったのかもしれません。そして、対話がない民主主義社会の底が抜けた状態に、こみ上げてくる不安を感じていた結果かもしれません。

本当の話がしたい

地域の公民館や区民センターや勤労福祉会館では、多様な集会が開かれます。あるとき、その一つで催された講演会のあと、参加者の欲求不満が一度に噴きだした事件がありました。

問題の講演会は、地方分権一括法の施行（二〇〇〇年）と関連して、東京・練馬区の自治基本条例づくりにかかわっている専門家の話を聞くための集会だったのです。地方分権一括法は、明治以来ひき続く戦争のもとで、強固な中央集権国家であった国と地方の関係を大きく変えることになります。国と地方は対等な立場で協力し、もし双方の間に係争があれば自治体は「国地方係争処理委員会」に審査を請求することができます（今、沖縄で行われている強制的な辺野古の基地建設は、この法律、および憲法が保障する地方自治の権利、さらには民主的な手続きを経た住民の自己決定権を否定するものです）。

ところが、その講演会では、自治基本条例とはどんなものかという一般的な説明と、すでに存在する町内会等を活用する可能性などが話されはしたものの、市民が直接に行政に参加し、地域を変えていきたいと思っているその情熱をどう具体化するか、という肝心の方法には触れずじまいの内容でした。自治体の権限が大きくなるということは、それぞれの自治体の賢愚によって大きな格差ができるということでもあります。それを避けるためには住民の積極的な参加が必要です。しかし型にはまった講演会の終わりに、二、三人が手を挙げて質問しましたが、時間的な制約もあって、質問への的確な答えは得られずに終わりました。

講師と参加した市民の間に、地方分権という時代の転換点をめぐって、足元からの民主主義を作ろうという熱い思いが共有されることはありませんでした。参加した人たちは、なんとなく白けた気分になりました。

講演が終わった後、物足りなく思ったのか、立ち去りがたい気持ちの人たちが廊下の一隅で顔見知りの地域の人たちと話し合いを始め、その話がしだいに盛り上がって、さまざまな意見が交わされました。そのうちの数人が喫茶店に移動して、このままで終わらせないで、これからどうするか、具体的な段取りを決めようということになりました。新しい視点でどうしたら自治体とまちづくりの見直しができるか。練馬区はもう二十数年に及ぶ自民・公明推薦の区長と、自民党と公明党が与党を占める区議会との癒着があります。開発志向の区政に対する区民の不満はあちこちで噴き出しています。そのような現実を背景にしてそのとき話し合われたことは、ほぼ次のようなことでした。

• これまでも、聞きたいと思うテーマの講演には、時間をやりくりして出席してきたけど、本当に勉強になったという講演内容にはなかなかめぐりあえない。今日も残念ながらそう。これは私だけのことかしら？　他の人は満足しているのかしら？

•講演会で、本当に納得できて心に残る話は、めったに聞けないよね。そのときに聞いた話がその後の考え方や行動に影響を与えることもないし、すぐに忘れてしまうような話が多い。結局、それって講演の限界？　私自身の限界？

•講演は一般の人を対象にしているから、それぞれの人の要求に合うようにはできないんじゃない？　そういう意味では本も同じかもね。

•講演の後に質問の時間がもっとあると、誰かが言った個人の問いにも答えられるんじゃないの？

•でも結局、時間がないとかの理由で、形だけ二、三の人が質問して、いつも中途半端で終わり。講師のほうも、会場に来ている人とは初めて会うわけだから、不特定の聞き手を相手にして、質問の意味をキチンと理解し、答えるのは難しいんじゃない？　いろんな人が雑多に集まっているし、とっさの質問に、焦点の合った答えができる講師なんかめったにいない！

•個人の質問に答えるとしても、それは結局タテ社会じゃない？　学校の教室と同じで、生徒の質問に先生が壇上から答える、先生が正解を与え、生徒はそれを受け身で受け取る。先生が講師に替わっただけ。そういう教室的な講演会は、生徒じゃない私たちには、とても満足できない。

・講演会って、ただ、一方的にしゃべるだけという点では、上からの命令か通達と同じだよね。

・壇の上と下でなく、参加者同士も講師の話をめぐって意見のやり取りをしたい。そして、そのやり取りの中から、他の人の考えを聞いたり、答えを見つけていくというやり方だと、タテ社会ではなくて、みんなで話し合いながらそれぞれの答えにたどりついた、という感じになるでしょ。

・その答えは複数でもいい。いろいろな考え方があることが自然で、ハッとさせられることもあるし、反論して問い詰めたいこともでてくるし、お互いに具体的な話を通して、はじめて分かることもあるし。

・知識が自分のものになるには、自分の言葉で対話することを通さなくてはダメなのかもしれないね。もしそうなら、偉い講師なんか呼んで来て、受け身で聞くのではなくて、もっと素直に自分たちの話し合いができる会を持ったほうがいいんじゃないの。

・たとえば、新聞に書いてあることがおかしいとか、国会での首相の答弁の真意はどこにあるのか判断ができないとか、英語や道徳の必修化が子どもにどんな影響を与えるのか、ほかの人はどう思っているんだろう……とか。地方自治法の改正でこの練馬区のどこがよくなるの、とか。そんなときに、不安なままやり過ごすのではなく、気軽に話し合う場があるといいと、ずっと思ってた。

•あそこの店が安いとか、新しい歯科医院ができたとか、どこの塾がいいかとか、そういうことは地域でよく話題になるけど、もっと大事な社会問題や政治のことは、なぜか気軽に話し合えない。それっておかしくない？　自分の生活や人生にすぐさま跳ね返ってくる問題なのに。

•そういう硬い話をすると、なぜか警戒されて、なんだか浮いてしまうんだよね。私は有名な塾の話なんて興味ないけど、いかにも興味ありそうに話を合わせていないと孤立してしまう。同窓会でも同じじゃない？　なぜかみんな、本当の話はしたがらないのよね。

•政治経済の話は難しいから、大衆はタッチするな、専門家にまかせておけ、という無言の愚民教育が、意図的に行われてきたからじゃない？　政治家も、お前たちは何もするな。俺にまかせろ、俺を頼れ、というのが本音だから。

•私たちはもう受け身だけで聞きたいわけじゃないんだよ。もっと話し手と聞き手が立場を替えたり、聞き手同士がお互いに意見を交わし合う場がほしい。それだったら、ありきたりの講演会じゃなく、もっと違った会のあり方を考えなくちゃ。

・たしかに講演会って、もう古いんだよね。テレビで誰かが一方的に話すのと同じだもんね。講演はナマの人間が出てくる点が違うけど。

・それじゃあ、自分たちで納得できるまで政治や社会問題を話し合う場を作ろうよ。この地域には結構、知識人もいるんだよ。そういう人に入ってもらって、対等な立場で知識を分けてもらったり、討論したりしてさ。

・知識や経験は開放して分け合うものだよ。分けたって減るわけじゃないし。

・来週の土曜日の夜に区民センターで集まってみない？　部屋が空いてなかったら、ロビーでも話し合えるような場所があるから。

講演が反面教師になったのか、そのときの話し合いは、湧いて出るように次々に意見が出て、その場ですぐにどうするかが決まりました。直後に、第一回の「対話的研究会」が近くの区民センターで始まったのです。そして毎月第一木曜日の夜を定例の研究会にして、一方的ではない、対話できる会にしようということが決まりました。

添加物のない自然の水

今ふり返ってみると、不満だったそのときの講演会が、聴衆の期待に応えるようなものでなかったことは事実ですが、その程度のことは他にもあります。しかし、それをきっかけにして、私たちの対話的研究会ができた背景には、一方的な話をただ受け身で聞き、納得できないままに納得したことになってしまう社会の多くの現状に、「これでいいのか」と抗う健康な反応があったということでしょう。

暴力や権力に対抗するには、あるいは一過性の強力なポピュリズムに対峙するには、私たち個人はあまりにも無力だと感じることがあります。判断に迷うこともあるし、疲れきって思考停止に陥ることもあります。しかし、人類はそれらの力に対抗できる特権的手段として、文化遺産ともいえる日常の「対話の力」を残してきました。もし人びとが個々バラバラに対話のない社会で孤立していれば、無力感は深くなり、権力は一層、専制的になるでしょう。

買い物をするにも、かごの中に必要なものを放り込んで、レジで一言ものを言わずにおカネを払う。レジに人間がいなくても商品のバーコードを自分で機械にかざして、人手を借りずに支払いをすませる方法もあります。

病院で医者はパソコンのほうばかり向いて、患者に向かって話し合おうとせず、カチャカチャと入力したパソコンの画面を見ながら診断結果を伝え、では次は何日に、と言うだけ。その医者をこちらに振り向かせて質問に答えてもらうには、患者のほうにも熟練が必要です。

銀行でもカードで入出金をすれば、銀行員に顔を覚えられることもありません。送金するにも、言葉でのやり取りは必要がありません。しかしそういう生活が続けば、自分の存在感やアイデンティティは稀薄になります。

学校の先生たちがタテの管理に縛られるようになり、職員室に対話がなくなってから、子どもと先生の間にも対話的空気が薄くなり、学校の空気は酸欠状態になっています。

生身の人間と向かい合うよりも、メールやスマートフォンによる相互伝達は、たしかに便利です。直接に生の人間と電話で話したり、直接に会って対話することを負担に感じて避けたい人もいます。淡い人間関係のほうが気分的に楽なのでしょう。ゆずってもらった席に着くなり、抱いていた赤ちゃんの口にゴム製のおしゃぶりを押し込み、スマホ片手に熱中しているお母さんを見ると、半ば不安、半ば好奇心をそそられます。電車の中の子どもの表情や動きに注意を注がずにいられなかった私世代の親とは違って、子どもよりスマホのほうが引力があるのかな、と不思議な気持ちです。幼い子どもは自分以外のことに親が気を取られるのを嫌います。大人同士が長話をしていると、決まって不機嫌になったり、いたずらをして親の注意をひこうとします。

目の前の子どもに関心を持つより、スマホのほうに興味を集中している親の姿を、子どもはどんな気持ちで見ているのでしょう。親からあれこれと介入されるのを嫌がる子も、親が肝心の子どものことを忘れてしまうことを望んではいないでしょう。

少年少女たちが、スマホだけのやり取りで犯罪に遭うことも少なくありません。逆にケータイやスマホだからこそ、どこまでも言葉の暴力をふるうこともできます。実体験を伴わないから、責任も感じにくいのかもしれません。

スマホの情報をどのように判断し選別するかという判断能力は、現実の生活経験の中で身につくことであり、自分ひとりでスマホの情報をどんなにたくさん見ても、身につくものではないと思います。

そういう現象は、かけがえのない自分に対する応答も対話も得にくい社会の代償であるように思えるのです。見ず知らずの人間であってもいいから、本当に対話する相手がほしいのではないでしょうか。ちなみに「子どもとメディア研究会」が保育園、幼稚園、一般家庭に呼びかけて行った三年間の調査によれば、毎週火曜日や一週間から四週間のノーテレビデー（電子機器を遮断する）を実施した結果、親子の会話がふえ、いっしょに本を読む、いっしょに工作やおやつ作りをする、戸外遊びをする、親がテレビをつけると子どもが消してしまう、という変化が顕著にみられました。

もともと効率化をめざす競争社会に対話は成り立つのでしょうか？　自己防衛本能が強い人との対話は成り立たないともいわれます。そういう社会に息苦しく生きていて、人間としての本当の言葉に出会うことの少ない人びとが、対話に飢えているのは、自然なのかもしれません。甘味料やソーダ飲料ばかりを飲んでいる人が、添加物のない自然の水を飲みたいように。

地域の人たちの集まりとはいえ、それぞれがどんな人生観を持っているのか、どんな人生経験を持っているのか、これまでお互いに知ろうとさえしませんでした。個人主義の社会では、知ろうとしないことが自由の代償でもあるので、そのことが一概に悪いとも言えません。

以上のようなことが飾らない言葉で話し合われて、「対話的研究会」について、おおまかに次のことが決まりました。

毎回の研究会では、順番に誰かが、自分がもっとも関心を持っているテーマについて社会との関係を考えながら報告をする。その報告を受けて、参加者が質問し討論をする。

自由な意見の交換によって、自分とは違った他人の考えを知り、今まで自分が考えなかった視点から、もっと深くつきつめて考えてみる。

そこまでいかなくても、自分が思っていることを言葉にするというだけでも素晴らしいことではないか。

参加者が報告者として、いつ、どんなテーマで報告するかは、それぞれの自由にまかせる。報告したい人は、二か月くらい前に申し出る。

司会者も順番にまわす。

会則なし。会費なし。出入りは自由。

参加者は会議室の使用料として、そのつど一〇〇円だけを置いていく。

連絡係と、会場の確保係と、参加者が払う一〇〇円を預かる会計係と、報告者と司会者の順番を決める係を、世話人とする。

地域の研究会として、自転車で来ることができる程度の人が、ラウンドテーブル式に、楕円形のテーブルのまわりに自由に席をとる。教室のような席にはしない(大泉学園駅に近い勤労福祉会館の小会議室は、研究会にふさわしい大きな楕円形のテーブルと椅子と落ち着いた照明が備わっているので、なるべくその部屋を使う)。

参加者は、ラウンドテーブルで対話できる程度の数にとどめ、多くなればグループを分けて、理想的には、一駅ごとに一研究会ができるほど、研究会の拠点を作る。そのそれぞれが民主主義の拠点になればいい。

一年に一度だけは拡大研究会を開き、外から講師を呼んで、研究会の常連以外の人にも来てもらい、風通しをよくする。

ざっと以上のことが決まりました。自分の思いを言葉にするという経験がもたらした成果は、後でそれぞれが知ることになります。

ある程度のことが決まってから、研究会では、お茶と持ち寄りのお菓子を出すか、なにもなしにするか、という面白い論争に移りました。お茶を出すとお茶碗を洗う後始末が大変という意見があるかと思えば、勤め帰りに来る人もいるし、親しみのある雰囲気として、お茶とお菓子ぐらいはあったほうがいい、という人もいました。「井上ひさしさんはペンクラブの会議で、お勤めの帰りに食事するひまもなく来る人のために、鎌倉からいつも、鯵の押寿しを買って来たんだって」という話が出ると、家にあるものを持ち寄って、無償のお茶とお菓子を出すことにしようとなり、それが今日まで続いています。旅先で次の研究会のために、お土産の菓子を買って帰ろうと自然に思うのも、忘れていた人間的で豊かな感情を呼び起こすからいい、と言う人もいます。

人間の考えはいろいろ

いざ研究会を始めてみると、近い地域に住んでいる人であっても、名前とおぼろげに職業を知っているだけで、人間としてもっとも大事かもしれないその人独自の考えや、その考えを形成した育ちやキャリアについて、何一つ知らなかったことを知ることになりました。

戦前の農村と違って、お互いに個人的なことに立ち入らないこと、個人に対して過度な関心を持たないことが、個人主義社会の自由でいいところでもあるので、あれこれ噂の種にしない「都市の生活は、人間を自由にする」という昔からの格言は至当です。

しかし、個人のことをあれこれ詮索するのではなく、自発的な話し合いの場を持つことで、それこそ自然にそれぞれの人の生き方を理解し合うことは、人びとの多様な生き方を知るもっともいい方法ではないかと思います。とくにメンバーの全員が、自分が関心を持つ問題を報告し合うという研究会は、それぞれの人の世界観、人生観、暮らし方を自然に知らせ合う、自己紹介の最高の場になりました。

また、そのことによって、人間の考えはいろいろであることを具体的、現実的に知り、単一の価値観に陥らない広い視野がもたらされたと思います。あるいは世の中、思うようにならないのはもっともだと、納得することができたと思います。

「ほんとに、人の考えっていろいろだなあ。こういう会が必要だと思って集まる人たちだから、似た考えの人かと思っていたら、こんなにも違う人たちだったんだ」

「それが分かることは面白くもあるけど、これまでの自分がどんなに世間知らずであったか、思い知らされました」

研究会の参加者はまったくさまざまで、主婦、退職者、小・中・高校の先生、校長先生、区議会議員、学生寮の管理人、保育士、障害者施設で働いている人、図書館の司書、手芸の先生、銀行員、ジャーナリスト、雑誌の編集者、大学の教師、在宅ケアヘルパー、介護保険による高齢者ケア施設の経営者、消費者アドバイザー、女性史研究者、太極拳の先生、認知症予防のインストラクター、川の水辺の自然を守るナチュラリスト、市民運動のボランティア、里山を守る活動家、韓国の核工学者、保険会社員、自然エネルギーの普及活動家、貧困な人の相談にのるボランティア、織物工房の先生、カメラマン……。お互いに共感を確かめる喜びがあるかと思えば、まったく違った考えに接して驚くこともあり、テレビや新聞などでは知ることができなかった社会の事実と問題点に触発される日々が続いています。

一方で、その情報の多くは実際の体験に由来しているので、抽象的な問題の討論ではないだけに、深刻で気が重くなることもありました。それらについては後で記したいと思います。

司会者も毎回交代して、人によりそれぞれユニークな会の討論運営をしてくれます。中には司会者が興奮して話し手になってしまう場合もありました。また反対に、質問者が自分の質問したいことをなかなか言葉にできず、ああでもないこうでもないと長丁場の意見になるのを、気の弱い司会者が遮ることができず、まわりの人がイライラしだして、その雰囲気に押された司会者がとうとう途中で発言を遮ったことも一度だけありました。そのときの司会者は途中で発言を中止させたことを後あとまで悔やんで、「発言を無理に中止させたことが司会者としてよかったのか」と私に相談のメールを寄こしたこともあります。

それに対して、私は「質問者の話が長くなりすぎるので中止させようか、でもそれは、発言者の意志を挫くことになるのではないか、と迷っているあなたの様子が表情にありありと出ていて、それがとても人間的な迷いだったので、それでよかったと思います。あなたが中止の言葉を掛けたとき、あなたの迷った末の中止要請だったことが質問者にも伝わっていて、質問者は少しも不快感を見せませんでした。それでよかったのでは？」と返信しました。

聞き手さえいれば

私たちの研究会では、予想に反して、報告者になることを拒否する人がひとりもありません。

ややためらいながらも報告を申し出る人ばかりだったことが、私には意外でした。なぜなら、はじめのころ「学校を卒業してから、みんなの前で話した経験がない。私は勉強もしてないから、みなさんの話を聞くだけにさせて」と言う人たちがいたからです。

私も当初はそれを真に受けて、そういう人はそれでもいいのかな、と思ったりしました。しかし、それは日本人的謙遜と自信のなさからであって、本当はみな、あふれる思いを胸の中に持っていたのです。

考えてみれば、分かりきったことです。人間である以上は誰もが考えを持たないなんていうことはあり得ません。ただそれを言葉にする仕方にためらいがあるだけです。誰もが、本当は自分の考えを語ることができる社会人の一人として、主人公の一人でありたいのです。ですが、これまでそういう場がなかっただけなのです。

研究会の仲間が、それぞれの言葉でとつとつと話すのを聞いて、「よしそれなら自分も」と勇気が湧いてきたにちがいありません。メンバーの中にいる大学の先生が、話の筋道を整理したレジュメを用意して、分かりやすく話されるのを聞いて、それを見習って資料を作り、話し方を整理し、準備万端整えて報告する人が多くなりました。

日本人が、意見を言おうとしないのは、あるいは、他人が間違っていると思うことにも異を唱えず無言でいるのは、もし自分の言ったことが正しくない場合には、恥ずかしい思いをする、他人に大人げないと思われる、恨まれる、バカにされる、後でうわさや陰口のタネになる、黙っているほうが思慮深く思われて賢明だ、何でも口に出して言うのははしたない人間だ、日本の社会では集団の決定には従うのが当たり前で、それに対して意見を言うのは損だ、などというのが、日本社会の相場になっていました(ところが、そういう人がヅケヅケものを言うのは自分より下位にある人に対してであり、何を言っても仕返しをされる恐れはないと確信するや否や、ネコがネズミをいたぶるような、非人間的なものの言い方をするのです)。

私が感動したのは報告者についてだけではありません。聞き手の態度に関しても同様でした。素人の人が、言いよどみ、言葉を探しながらの説明をする時、聞き手は身を乗り出すようにして無言のまま熱い視線を送り、次の言葉を待っているのです。それに応じるように、話し手も自分の言葉を選びながら、地に足をつけて、真実を離れまいとするように話を続けるのでした。

対話とは、聞く人の誠実さによって支えられているものだということがよく分かりました。

ある夏休みに高校生が数人参加したことがありました。そのとき彼らは言ったものです。

「俺たち、こんなに真剣に俺たちの言うことを聞いてもらったことがない。おじさんやおばさんが、俺たちに発言させよう、発言させようと気を遣ってくれていることが、よくわかった」

「それにしても、俺は高校を卒業したら、もう勉強なんかしなくてもいいと思って楽しみにしていた。だけどこんなに年とっても勉強してる人たちを見て驚いた」

ある主婦は最初、息も絶え絶えに、休み休み口ごもりながら自己紹介をしたので、私たちを心配させました。しかし、自分が報告する番になるころには、夫の仕事についていったフィンランドでの老人の暮らし方や考え方、役所に苦情を申し立てるときの市民の行動と役所の対応、子どもの学校教育と学校外での生活、フィンランドの独自なデザイン産業などを自分の目で見て調べ、生活者の実感がこもる克明な報告をしてくださったのです。

新聞や文献では知ることのできない、新鮮で、共感を呼びおこす報告でした。参加者からの質問も意見も盛んに出て、市民の持つ潜在能力を知らされた経験でした。

後日、たまたまその女性のレジュメを見た息子さんが、「お母さんがこんなに素晴らしいレジュメを作り、報告したの？」と驚き、息子から「すごい」と褒められたと、恥ずかしそうに話してくれました。その人は手芸が上手で、余った布の端切れで手提げ袋や帽子を作り、ボランティアコーナーで売って、そのお金で東南アジアの農村の女性が水牛一頭を買って自立できるように、送金して励ましているとのことでした。

思っていること、感じていることを言葉にするのは、考えようによっては難しいことです。

聞き手の心に届くように、理解してもらうように話すことはそれほどやさしいことではありません。

でも、ごく自然な気持ちで、疑問に思うこと、受け入れられないことを、日常的に話し合うことができる社会、会社、学校こそが、私たちの社会の健全さを支えているのです。

エリートだけが発言できる社会、権力者の言葉が絶対視される社会、それは東京都教育委員会によって監視されている学校教師の委縮ぶりを見れば想像できます。ナチス時代のヴィクトール・クレンペラーは日記の中で、逮捕された夫を持つ妻に聞きます。「あなたの夫はなぜ逮捕されたのですか？」その妻は言います。「言葉のためですよ」と(『第三帝国の言語「LTI」――ある言語学者のノート』羽田洋、赤井慧爾、藤平浩之、中村元保訳、法政大学出版局、一九七四年)。

当たり前のことを質問したために白眼視される世の中にだけはしたくない。言論の自由は民主主義と人権の核です。中でも個人が相互に対話できる権利は、市民の持つ特権なのです。

多くの人が、ほぼ欠かさず参加して、遠い親戚のように親しくなり、地域に問題が起これば、数人でいっしょに行政や議員に陳情し、ある人は市民派の選挙の候補者の応援に駆けつけ、ある人は反原発や立憲主義を守る会の運動に参加し、ある人は障害者のケアのためのボランティアヘルパーになり、ある人は高齢者や障害者のための作業所を立ち上げ、他方では地球温暖化に反対する「環境を守る会」の活動を熱心にしている人もいるし、川の水を汚さない活動に小学生を参加させ、水質の定期検査や、川の中に生きている生物や植物を実際に手で触れて、観察する活動を続けている人もいます。ホタルを飼って、数年にわたり増やしている人もいます。彼はいつか、川に放つ日を夢見ています。

それぞれが、行動の中でぶつかる問題と、勉強で得た知識とを連関させながら、解決の道筋を模索しています。話を聞いてもらうことで勇気を持ち、あるいは、話すことで自己肯定感情を実感しています。効率にこだわらず、即効性を求めず、自然に発酵する心からの納得を確かめています。

障害者施設のボランティアをしている人から、障害者が、二四時間をどのように過ごしているか、報告を聞くこともありました。マル秘として指導者が暴力をふるった話なども。逆に障害者を理解し、支援しているつもりだった自分が、障害者からの暴力に遭ったときの感情とその原因を語ってもくれました。

学生寮の管理人をしている人の報告から、今どきの若者の寮生活の様子を聞き、昔の学生寮自治会を経験している参加者が絶句したこともありました。学生寮自治会があったところでは、入寮希望の新入生との面接から、学生の部屋の割り当て、賄いの女性の雇用や、食事のメニュー作りと寮費のことまで自治会で決め、自立した管理と責任を負っていたからです。

報告された、今どきの管理されているその大学の寮には自治会はなく、大学当局と大学が委託した管理会社が管理し、ホテルのように豪華で、あらゆる設備がそろっています。その大学の建学の精神は、「自主独立」「権力や時勢に左右されない科学的教育」ですから、国際学生寮の、なにもかも管理されている生活を聞くと、私たちは羨ましいというより、気の毒な思いが先立ちました。

政治的な活動も集会もダメ、寮生以外の人を寮の中に入れることもダメ、顔を知っている寮生以外の人が入り口からはいってくると管理人はその人の後をつける。寮生が決められた場所で集まって何かをする時間は二一時まで、入寮許可も部屋割も退寮命令も、大学が決める。規則違反者は直ちに退寮。決まった日に定期的に全寮生が外に出て、近所のごみ拾いをする。

選挙権を持つ自立した若者の生活とは思えません。その学生寮では、政治的活動はしてはならないが、企業の寄付講座はOKで、夜、企業による連続講座が開かれ、好成績の受講生は、企業が青田買い的な支援をしているそうです。

会の参加者の中には介護保険による在宅介護事業をしている人もいます。その人の報告では、商品経済になじまない介護事業の特殊性が具体的に語られました。事業は社会保険制度によるとはいえ、商品経済の枠の中で行われます。介護サービスを受ける側は、支払ってきた高い保険料や自己負担金に対するサービスの少なさに苦情を言い、サービスを提供する側はコストに見合わない収益に頭を抱えます。ギブ・アンド・テイクの経済法則の中で社会保障をどう実現し、福祉の精神をどう具体化するか。介護の仕組みを話し合って工夫し改善する前に政府が言うのは財政のおカネのことばかり。発言者はいくつかの提案を示しました。具体的であるがゆえに真理であるこういう対話的スピーチは、一人ひとりの心に語りかけるものを持っています。

私たちの対話的研究会ではゴミ拾いなど、「一斉に○○をしましょう」という働きかけはしません。それぞれが自分で考え、研究会で得た判断力を力にして、研究会の外の世界で活発に行動してほしいからです。市民が勉強し対話するこういう拠点が無数にあれば、もともと能動的である人間は、一人ではないという精神的な後ろ盾を得て、政治や社会に対して傍観的ではなくなり、無責任な言動に流されずに行動する民主主義社会の個人になるのではないか……。事実、そういう人が増えているように思います。私たちが相互に知らなくても、こういう手作りの会は、すでにあちこちにあるようです。

自分の生活の中で感じていることを政治・社会のどこに問題があるかということと関連づけて話すのは、聞き手にも分かりやすく、参加者の質問や意見もすなおに出て、日常生活の背後に隠れた問題を知ることができます。研究会の後、図書館でその問題をもう一度調べ直すまじめな参加者もいます。

この対話的研究会が始まって、私も参加者の一人となったとき、こういう硬い会は一年も続けばいいほうだろう、と思っていました。ところが前述のように、ほとんどの人が、七年近くを出席し続けているのです。

人びとは生の人間との対話に飢えている

会を重ねるにつれて、だんだん分かってきたことは、人びとは生の人間との対話に飢えているということでした。一般に向けて話される、どこでも聞くことのできる言葉ではなく、自分が問い続けている問題に対してのかけがえのない応答を求めているようでした。応答し合う中で知識が自分のものになることを欲しているようでした。

社会人であるとともに、個人でもある人間にとっては、一般論での話も必要ですが、とくに自分でなくてもいい、誰でもいい相手としていつも扱われているだけの生活には、生きている情感が伴わないのではないかと思います。ハンバーガーショップの店員が、顔を見ることもせず、暗記した決まり文句をすべてのお客さんに同じように投げかけることに、満足感を覚える人はいないでしょう。

体にビタミンが欠乏すれば、自然にビタミンを含む野菜を食べたくなるように、人間の心もまた、新聞やテレビや講演のように、いつも受け身で、自分の存在価値が影としてしか感じられないような、そういう生活から抜け出したいと思っているのではないでしょうか。自分の存在感を確かめたい、あるいは認めさせたいために、ことさらに注意をひきつけるいたずらや非行に打って出る青少年もいます。ぎりぎりの自分という存在を感じたかったのではないかと想像もしてみるのです。

私は、難民キャンプの、自分の手も見えない暗闇の中で、自分を感じることができない恐怖感を味わったことがあります。いつも見ている自分の体が見えないということは、存在している証拠を見ることができないことですから。赤ちゃんは自分を見つめてくれる人、自分に働きかけてくれる人がいて、自分の存在を知ると言います。同じように、大人もまた自分に対して応答してくれる人、反発であれ共鳴であれ自分に対する他者の対応があるからこそ鏡に映る自分を見るように自分を知ることができるのです。対話への欲求は、自分に向けられる独自の言葉を欲し、対話によって自分を回復しようとする生体の欲望ではないかと思います。ハイデッガーは言葉を「存在の家」と表現しました。対話することの中から生まれる新しい了解や発想を、人びとは干天の慈雨のように、負債も義務感もない恩恵として受け止めているように思えるのです。

学生の話によると、教授に直接質問をしたり、学生同士で討論をして問題点を探るというような手順をふまず、インターネットで情報を集め、コピペに上乗せしたレポートを出せばすむ、と考えている学生は少なくないそうです。教師ともゼミ仲間とも対話をしない勉強の仕方では、部活などに参加しない限り、学生にとっては、同じ大学にいても親しい友人もないまま学生生活が終わるでしょう。それは他者との緊張感がない、自分の無知を追い詰めることもない、自由な学生生活かもしれません。

イギリスの大学生に「教養とは、あなたたちにとってどんなものですか」と聞いたことがあります。「見知らぬ人の間に入っても、友人を作ることができる能力です」という答えが返ってきました。対話を成り立たせているのも、ある種の教養かもしれません。

ドイツの市民討議会（プラーヌンクスツェレ）を日本で試みたある自治体で、ドイツにならって、二五人のグループをさらに五つの小さなグループに分け、委託されたテーマについて、たっぷりと五人で対話する時間をもうけました。ところがドイツではその五人が四日間、午前（二コマ）と午後（二コマ）ぶっ通しで活発にそのテーマを議論し合うのに（一コマごとに五人のメンバーは入れ替わり、二五人が総当たり方式で話し合うことになる)、日本では、二〇分もしたら、もうあとは話し合うネタがなくなるのだそうです。日本では対話の経験が日常生活の中にないからではないでしょうか(拙著『社会人の生き方』岩波新書、二〇一二年参照)。

そのような背景を受けて、最近大学でも、対話なき流れに抗するように学長が直接学生と対話することが盛んになってきました。

新聞が「直接対話　身近な学長」という見出しで、学長と学生が直接対話する積極的取り組みが広がっていることを伝えています(『朝日新聞』二〇一五年五月二日)。杏林大学、筑波大学、成城大学、上智大学、岡山大学、琉球大学、その他多数の大学で、学長と学生が気軽に話せる雰囲気を作ることで、学問する目的を話し合ったり、中途退学を防いだり、研究意欲を高めたりと、好ましい結果が生じているといいます。

やはり、人にはスマホだけでない、生きた人間関係が空気と同じように必要なのです。人間関係を作れず対話の相手もない……やはり〝便所飯の孤独〟では、生きられないのです。対話こそは、識字以前の人間本来の言語であり、親が乳児にはじめてかける言葉でもあるのです。人間本来の言葉なしに壇上から語ってもその言葉がどこまで理解されるか。

ドイツの大学では教員が一週間のうちの一日、ある曜日を決めて、学生が研究室を自由に訪ねて対話ができるように、その日は教員が他の用事はせずに在室している決まりがあります。学生は一人でも堂々と研究室を訪ね、研究以外の対話も盛んです。現在では日本の大学でもその制度は珍しくないようですが、いつも忙しそうに、そそくさとして落ち着かない日本の教員(私も)を思いました。そんな教員には、学生も声をかけづらいですね。教員自身が学生と対等な立場で、学生との対話の中から生まれる「あるもの」に価値を見いだすよりも、「教える」という立場から離れられず、義務感として答えを出そうとすることが多いのではないかと思います。

もともと、ベルリンの大学では、一方的に話を聞く講義には単位は出ず、研究報告と討論で成り立つゼミや「コロキュウム」という学生相互間の討論には、単位が出るしくみです。いろいろな考えに出会うことの価値が大事にされているように感じました。

先に述べたように、今の日本の医療の現場では、大病院ほど医師は患者の顔もあまり見ずに、患者が話す容態をカチャカチャとパソコンに入力するだけ。確率では診断ミスが少ないのかもしれませんが、そういうやり取りが日常生活の中で頻繁に起こると、「私、人間?」という空虚さと、反感を覚えるのではないでしょうか。患者は、薬だけでなく、医者との信頼関係や言葉からも、治癒する「気」をもらっています。人は、人間そのものと対話すれば、言葉以上に、相手の持つ好意や不快感、喜びや共感を感じとることができます。うるさそうな態度とか、うんざりした気分も、何となく伝わってきます。注がれる視線によっても、相手がどう感じているかを判断できることがあります。

私たちはそれらのすべてによって、相手の言いたいことを理解しようとしているのです。

後述する『オープンダイアローグとは何か』(斎藤環著・訳、医学書院、二〇一五年)および『オープンダイアローグ』(ヤーコ・セイックラ、トム・アーンキル、高木俊介・岡田愛訳、日本評論社、二〇一六年)という本によると、フィンランドでは、対話によって統合失調症の患者を治す方法が成功を収めていると報告されています。薬漬けにせず、精神障害の患者を治したいという医者の理想は、あちこちで成果を上げつつあるようですが、それでも統合失調症だけは薬の力に頼らざるを得ない、と従来の医者は言っていました。それを対話によって、薬なしで治癒できるとすれば、対話がいかに本源的な人間の本性に根差す行為であるかを思わせる報告です。

個人にとっても、社会にとっても、それほどに根源的な必須の条件である対話を、忙しいとか、政治的なリーダーシップにまかせたほうがいいとか、ボスの気持ちを忖度して、対話も議論もなしに賛成するとか、どこに責任があるか不明のまま決まってしまう(二〇一六年の豊洲市場移転問題や新国立競技場のコンペなど)ということは、三大栄養素の中の必要な食べ物(たとえば、たんぱく質）を省略して生体を無理に生きさせようとするに等しく、個人も社会もいつの間にか健康を失い、生き生きと活動できなくなるということではないでしょうか。

対話の定義

ここまで対話について述べてきましたが、「対話」とは、どういう話し合いのことなのか。私は次のように考えています。

「人間は言葉を持つ動物である」という有名なアリストテレスの言葉があるように、人はさまざまな話し方をする能力を持っています。対話分析学によると、理路整然とした説得力のある話し方もできるし、複雑で、繊細な感情を伝える話し方も、深い含蓄のある表現もできます。

人間は何かを伝えるときにも、そのことをすでに知っていそうな人に対する伝え方、ある程度知っている人への伝え方、まったく知らない人への伝え方、というように、さまざまな伝え方を知っている生き物で、その文化の伝承は、おそらく独特のものではないかと思います。

千差万別、多様な話し方を厳密に定義し、区別することは難しいし、人によっては、生きた言葉が多義にわたっていることもあるため、ここでは私の考えている区別を記しておきます。

[会　話]

とくに話題や目的があるわけではないが、好意的な雰囲気づくりを示す「おはようございます」「いいお天気ですね」というような挨拶、あるいは、雰囲気を和やかにする雑談です。無意味なようでいて、それでも人間社会の潤滑油として必要なものです。

はじめてイギリスに行ったとき、私は顔を合わせる人がすべて微笑んでみせてくれるのを経験しました。ドイツに行ったときには、それはありませんでした。

好意とまではいかなくても、緊張を解く雰囲気づくりは、「あなたを無視しているわけでもなく、敵視しているのでもありませんよ」という気持ちを伝えようとしているのだと思いました。

テロの問題が世界を緊張させている今も、そのような人間的な雰囲気づくりがあってほしいと思います。

[対　話]

基本的には一対一の対等な人間関係の中で、相互性がある(一方的に上の人が下の人に向かって話すのではなく、双方から話を往復させる)個人的な話し合いです。

この後に述べる、ディスカッションやディベートと違い、特定の人とある目的をもって話し合われる対話に特徴的なのは、個人の感情や主観を排除せず、むしろその人の個性とか人格を背景に、自己を開放した話し方が行われている点です。自己防衛意識が強い人との対話は成り立たないと言われているのはその言い換えでしょう。

対話には、もともと議論して勝ち負けを決めるとか、意図的にある結論にもっていくとか、異論を許さないとか、そういうことはありません。ある論点が何度も発展的に往復するうちに、お互いにとって自然な発見があり、大きな視野が開けるところに特徴があります。結論を得られなくても、対話後にも長く続く問いかけがあり、何年もたってから、その対話の大きな解が得られる場合もあります。

「対話の意味はそのプロセスにある」というのは、以上のような意味だと思います。

このような話し方は、不特定多数の相手に対して、壇上から一方的な話をする講演や講義とは違いますし、もちろん、命令とか、通達ともまったく異質のものです。

考えが違っても、私たちは対話の相手に、自分の体験と思考と感情に由来する自分の言葉を語り、相手に対して、ぴったり当てはまる言葉を選んで話そうとします。言葉は解釈の仕方によって多様な意味を持ちますが、対話の中では、言葉をやり取りすることによってその意味が確定されるので、言葉を通して考える内容は奥深いものになります。対話の持つ魅力に圧倒され、人生観を揺さぶられるような経験を持つ人は、対話が個人的で多様であると同時に、人間に共通する大切なものを語っていることに気がついているでしょう。

対話そのものの速記録ではありませんが、宗教家とその弟子との対話や、第1章で紹介したエッカーマンの「ゲーテとの対話」や、ハイデッガーの「ことばについての対話」などは、個別の対話でありながら、その普遍性について考えさせられます。

自分を知るためには他者の存在が必要であることを自覚させてくれるのも、対話の持つ特典かもしれません。私はときどき思い出すのですが、学校教育の中で、これまでまったく知らなかった知識と出会うことがたくさんありました。それは新鮮な他者との出会いであったはずです。

しかし、それが大勢の生徒を前にしての一方的な説明であったためか、暗記すべき知識と受け取っていたためか、対話の中で他者と出会ったときのような喜びを感じることは、あまりありませんでした。もっと対話的であれば、学校で学んだ知識は、血肉となって私の中に生き続けたかもしれません。

人間として対等で、個人の尊重を土台にした話し合いは、「対話が続いている間は殴り合いは起こらない」とか、「相互性が続いている間は人間はおかしな方向にはいかない」という言葉が示すように、暴力的解決に対する人間的な対処法であり、人間が獲得してきた特権の一つが対話ではないかとさえ思われるのです。

それは個性と個人の尊厳を基本にした民主主義の根幹になる話し方であるからかもしれません。言い換えれば、対話が成立している社会であるかどうかで、自立した市民社会の度合いが量れるのかもしれません。

ある中学の先生は言っています。「生徒は友人との小さなコミュニティの経験を持ち、その心地よさを経験して、それを外側に広げていく。対話による経験が、話し合い、討論することへの信頼の培養土となる」と。まったく同感です。

とすれば、対話はすべての始まりであり、基礎になっているのではないでしょうか。

私たちは対話によって、理解されているという安心感を得ているし、考えが異なっていても人間としての普遍的な共通する土台があることを理解してもいます。対話によって得たその経験は、その後の、なかなか話が通じない他者との出会いにおいても、共存できるという肯定感と、討論をプラスに生かそうとする意志につながるのだと思います。

［ディスカッション（討論）］

対話のような個人的な話し合いではなく、討論の目的が明示され、よりよい解決のための結論が求められます。

会社や公的な組織や研究的学会などで、問題解決のために複数の人びとが討論をして、よりよい解決のための提案や結論を出そうとします。

結論が得られない場合でも、情報の交換によって、多様な人びとの考えを知ることができるので、ディスカッションの目的はそれで達成されたと考える人もいます。しかし、組織内で早急にある結論を出さなければならない場合もあり、熟議が終わらないうちに、多数決や、議長一任となる現実にぶつかることも多いでしょう。稟議書《りんぎしょ》を回して、議論抜きに決定されてしまうこともあります。審議会など、はじめに結論ありきという、形だけの討論に終わることもしばしばです。

また議論をしても、自説をくり返すだけで、はじめと考え方がまったく変わらないで平行線のままに弁証法的な展開なしの結果に終わる討論もあります。

その端的なあり方は、たとえば、議会で与野党が、ある政策をめぐって討論するとき、結局は多数決で決まるという前提があるためか、お互いが何の影響も受け合わないというものです。

対話とディスカッションは、取り上げるテーマも話し合いの仕方も異なっているけれども、人間は、ディスカッション以前に親子や親しい人との対話、生徒と教師の間の個人的な対話の経験を持っており、それによって「理解する、共感を持つ、他者の異なる意見によって啓発される」という、プラス志向の経験を積んでもいます。

［ディベート］

ディベートとディスカッションは、同義と解釈している人も多く、その境界線は曖昧です。しかし、もともとディベートは、テーマの肯定側と否定側にはっきりと分かれ、相対して、賛成／反対を一定のルールに基づいて闘わせ、勝ち負けを決めるものなのです。ゲームや競技に似たところがあります。

ディスカッションでは論点が動くことがあるのに対して、ディベートでは最初に提示された論点が動くことはありません。そしてその論点に対する賛否の主張が議論のはじめに明らかにされます。

知識や資料を駆使して、論理的で科学的な論拠に基づく主張が行われ、反論や質問もおなじように論理的な理解の上に立った、説得・攻撃の方法が取られます。

ディベートは、相手に感情としての共感を求めることはありません。ディベートの目的は、自分の考えを客観的な視点で相手に伝え、相手の主張を論理的に理解し、お互いの対立する意見を合理的に判断する能力を養うことにあります。

そのため、討論するテーマは、日常的で具体的な問題をどう解決するかという、自分に直接に関係するテーマではなく、抽象的で一般的な、他者との意見が明白に分かれる事柄が選ばれるのが普通です。

第3章　対話の思想

――なぜ人間には対話が不可欠なのか

対話的環境は、事実として多くの人に好まれています。

対話的土壌があるところでは、いい結果が生まれ、反対に対話のないところでは、防ぐことができた問題も軌道修正されないまま多くの犠牲を生む結果になっています。

対話の力とは何なのか。その課題を解く思想の流れをたどってみました。

子どもの発達と対話

対話はいいことだ、と誰もが言います。対話的環境は事実として多くの人に好まれています（後出の例）。でも、それはなぜなのか？　以前から私はその理由をつきつめて考えてみたいと思っていました。

まわりを見回してみると、対話的土壌があるところでは、自然にうまく事が運んでいき、いい結果が生まれています。

その反対に、たとえば東京・代々木の新国立競技場の設計計画が白紙にもどされ、数十億円を無駄にしたことや、学校の運動部の体罰事件で死者が出た例など、対話がなかったところでは、修正できたはずの問題も修正されないまま大きな犠牲を生む結果になっています。

そう考えていたところに、ある小さな事件が起こりました。

私たちの対話的研究会は、一年に一回、外部から講師を招いて、一般の人が自由に参加できる「対話的講演会」を開催しています。一般に開放されたこの講演会では、他の市民グループと交流するきっかけができたり、これまで参加したことがない人たちが来てくれたりして、自由な新しい風が吹き込まれます。

この対話的講演会のお知らせを、練馬区報の「区民のひろば」に掲載してもらうように、区の広報課に申し込みました。「区民のひろば」という欄は、区民が、自発的にあちこちで開催するイベントや集会等を知らせ合う欄です。ところが、区報ではなぜか「対話的」という言葉が削除されていたのです。「対話的」という言葉は、いわば、私たちの研究会のアイデンティティみたいなものなのに……。

最近、行政の中立という名目で、政治的な集会は区の広報に載せないとか、公的な会場を使わせないという自治体があると聞いています。そこで、「対話的」という言葉がなぜいけないのか、その理由を区の広報課に質問してみました。区は謝罪して、次の区報で「対話的」が復活、再掲載されたので、問題はそれで決着しました。

しかしその事件は、「対話的」という言葉の意味を、あらためて私たちに考えさせるきっかけとなりました。それまではそれぞれが個人的に漠然と了解していた対話の本質を、話し合いの中からより明確に自覚する結果になったと思います。

• 社会から対話が失われていくのを良くないと考える人はいても、対話を悪いと言う人はいませんね。この研究会も対話する研究会だからこそ、多様で普通の人が参加しているのではないでしょうか。どこからか伝え聞いて参加者が増えることはあっても、減ることはなく、ほとんどの人が連続して参加しています。対話的であることは、やっぱりいいことなのだと思います。

・でも、対話的ということが、なぜそんなにいいことなのか、その理由をどのように区の広報課に説明できますか。

・対話の持つ積極面について、誰もがなるほどと思うことが二つあるのではないでしょうか。

そのひとつは、集団でともに生きていく運命を持った人間にとって、お互いがそれぞれの意思や情報を伝え合い、話し合わなければならないことが起こるのは当然です。そのため私たちの社会は、命令、伝達、会議、集会、懇談、広報など、いろいろな意思疎通の方法をもっています。

その中でも、対話という話し合い方は、一方的な命令でもないし、勝ち負けを決めるわけでもないし、結論を無理に押しつけることもない。お互いに理解し合うコミュニケーションの方法としては、いちばん自由で、無理がないのではないでしょうか。考え方や感情を対立させるよりも共有するのにふさわしい話し方ですから。その点では討論とは違って、肩ひじ張らない話し合い方ができるのではないかと思います。

・そのことを基本に置くと、対話の経験は、社会人になって民主主義社会の担い手になったときに、討議デモクラシーの土台を学習してきたということになるのでしょうか。それが対話の持つ特徴でもあり、利点だということですか。

・もう一つは、子どもの成長と対話の切り離せない大切な関係です。子どもは、まわりから言葉をかけられ応答し合う対話の中で判断力をつけて成長し、個性的な人格を発達させていきます。人間が生きていくために食事や睡眠が必要なのと同じように、子どもにとって(大人にとっても)対話の経験は、本当に大事なことではないかと思います。

・たしかに子どもとの対話を振り返ってみると、対話こそ人間の本性に即した話し合いだと思いあたることが、たくさんありますね。子どもには大人と違う率直さと感受性があるので、私たちが鈍感になっている人間の原点を子どもとの対話から気づかされることが多いです。子どもは一方的に命令したり、押しつけたりしても反発することが多いし、結論を先回りしない丁寧な対話によって、はじめて理解するということは、しょっちゅうあります。

・そう言えばそうですね。あまりに自然なことなので、自分の子どもとどうやって対話をしたのか、今も、どんな対話をしているのか、忘れていました。

でも、生まれたばかりの赤ちゃんに対して、分かっても分からなくても、一生懸命に話しかけていたことは事実です。「さあ、おっぱいをあげましょうね」とか「どうしてそんなに泣くの？」とか「いい子だからおとなしくねんねしてね」とか「さあ、お風呂ですよ。お風呂は気持ちがいいでしょ？」とか……赤ちゃんが耳にした最初の言葉は、ただの言葉ではなく、対話の言葉だったと思います。赤ちゃんは、声をかけてもらいたがっているし、応答したがっている、と親である私は無条件にそう信じていました。

・岡本夏木さんが言うように（『幼児期』岩波新書、二〇〇五年）、人間の赤ちゃんは生まれたとき、寝返りも、這うこともできず、誰かがへその緒を切って、沐浴させ、産衣を着せて、ふとんの中で体温を保ち、お乳を与えられることがなかったら、死んでしまう本当に無力な生き物です。保育器の中で守られる赤ちゃんもいます。人間は他人とのかかわり合いの中でしか生きていけないし、助けられながら成長し歴史と自分をつくっていくという、人間の生き方の典型がそこに示されているのですね。赤ちゃんへの働きかけとは、赤ちゃんに食べ物を与える行為だけではなくて、赤ちゃんに語りかける言葉のやり取り、つまり対話もその行為の一つだったのだと思います。

・赤ちゃんは大人からの呼びかけが分かり、大人からの働きかけを待っていて、応答しようとしているのだと、私も無条件に想像していました。ほんとにその通りだったんですよ。
　空腹や体の不快感で赤ちゃんが泣けば、そのシグナルに対応して、大人はおむつを替えてやり、お乳を与え、抱き上げたり、軽くゆすったり、子守歌を歌ったりして赤ちゃんを安心させます。赤ちゃんの満ち足りた表情や安らかな眠りで、大人もまた安心し、応答する行為の中でお互いに信頼を築いていたのだと感じています。赤ちゃんのほうにも、生まれながらに応答する能力が備わっていたのです。言葉を覚えて対話できるようになるのも、教育を受けることができるのも、その応答能力があるからでしょう。

• 対話って、人間の本質だし、それがなかったら人生が成り立たないほど不可欠なものなのですね。だから、大人になって忙しくなり、いろいろな人や社会とかかわり合いを持つようになっても、対話がなければ淋しいし、対話にはやっぱり引力がありますよ。だから、みんな対話はいいと言うんでしょう。

• 忙しいと、対話だって嫌われることもあるんじゃない？

• それは多忙という他の事情によるのであって、人間が対話嫌い、というのとは違うと思います。「対話が続いている間は殴り合いは起こらない」と言われるように、対話がないことは危ないことなのです。対話の機会を失っていくにつれて老人は、健康にも問題が起こりやすいと言われているし。

• そうですね。誰にもそういう人生経験があるから、敵意を感じさせない対話にみんなが心地よさを感じるのでしょうね。対話は、その他大勢ではなく、自分ひとりに対しての、その時その場にもっともふさわしい言葉だから、話のやり取りにも歯車がかみ合っていく気持ちよさがあります。

・そういう話を聞いていると、いまさらながら対話の持つ力に驚きを感じますね。赤ちゃんは大人から受け身で受け取っていた言葉を真似したり覚えたりして、今度は自分でそれを使うようになります。自分の言葉が通じることで、言葉には意味があることを理解していくのでしょうね。私たちもそうやって、成長してきたのかしら。

言葉にはお互いに了解し合っている意味があると分かると、子どもは言葉を通して快い感情の共有をすることができるようになります。しかし、そのためには、言葉が往復する対話が必要だということがやっと分かりました。外国語を学んだとき、辞書では本当の意味が分からず、外国人と話したり手紙の交換をして、やっとその言葉のリアルな意味が分かったのと同じですね。大人や兄弟が愛情のこもった言葉をくり返し注ぐことで、赤ちゃんは、お互いに通じ合えるという信頼感を経験するのでしょう。それが後に教育を受ける土台にもなるのだと思うと、その重要さに体が震えるような感動と責任を覚えます。

・私は保育士の経験があるので、子どもと対話をするまでは私も「人間にはまず自分の考えがあって、それから、それを他人に伝える」という偏見(?)がありました。でも、事実としては、それ以前に、子どもには、まず語りかけられる言葉があったのです。子どもが言葉を使うようになると、子どものまわりには、人間と人間の間をつなぐ言葉と経験が循環します。それによって、幼児の思考力や感情が育っていくことを実感します。これまで、そういうことが書いてある本を読んでもよく分からなかったことが、保育の体験を通して、今では、よく分かります。応答される対話がどんなに大切か、応答されることは、誰にとっても、最大の喜びなんですね。

• 哲学者であり教育学者でもあったヴィゴツキーは、対話の最良の典型は親子の対話の中にあると言っていましたが、あなた方の話を聞いているうちに、それが理解できました。

大人と子どもは、知力も体力も対等ではないのですが、子どもと話すとき、大人は、子どものレベルまで降りていって、幼児語(ワンワンとか、ネンネとか)を使い、子どもと理解し合おうとします。

大人は子どもより知恵や経験に優れていても、子どもの持つ純粋な感受性や、覚えの早さなどに、驚きと尊敬の念を持ちます。子どもの持つ独自性に親が軽蔑の感情を持つことはありません。かわいい、という感情はありますが。

・子どもはおもちゃには飽きるけれども、人間には飽きないと言われます。おもちゃは、子どものほうからおもちゃに対していろいろ働きかけ、使い方を変えれば、違った機能を発揮するけれども、おもちゃのほうから子どもに向かって多様な行動をとることはありません(子どもの想像力がそう思わせることはあります)。
　けれども人間は、双方から、さまざまな働きかけをし、応答します。子どもの気持ちを察したり、子どもからの働きかけに対応したり、その対応を効果的にしたり。その対応の仕方は臨機応変で、千差万別なので、どんな反応が返ってくるか予想できません。興味津々です。応答の仕方も多様で、子どもが興味を持っていそうなことに対してはそれなりの対応をするし、まったく知らないこと、または正しくは知らないことに対しては、またそれなりの説明をします。驚かせたり、ミステリーのような興味を誘ったりして、子どもの知的な興味を刺激します。もし同じ対応しかできなかったら、飽きられてしまうでしょう。大人の私たちも飽きられないようにするには、たえざる発達が必要だし、豊かな経験が必要です。対話的関係は、双方を成長させますね。対話はやっぱりいいことなのです。
・でもそういう時代は昔のことではないですか。テレビに次いで、ケータイやスマホが現れると、人間同士の対話は、かなり違ってきているのではないかしら。対話は身体を持ち込んでの五感が働く生身の対話ですが、スマホはそうではありません。そのことは、小児科学会でも大きな問題になっていて、子どもの最善の発達にとって、ある年齢までは、お酒やタバコと同様に、スマホを家の中に置かないほうがいいという医者もいます。子どもが言葉で表現せずに、いきなり暴力をふるったり、スマホ依存症になったりしたとき、しばらくスマホから完全に引き離すと健康を取り戻すという多くの事例もあるので、やはり、スマホの影響があることは確かなようです。スマホから一時離れるために、スマホのない山の中でキャンプ生活をしたり、ある場合には入院を勧めることもあると、医者は言っていました。

まだこれからいろいろな科学的な調査が行われて、しだいに電子機器との付き合い方もはっきりしてくるでしょうが、「現在の社会は、応答されない乳幼児期の人体実験とも言える時代だ」と警告する人たち(小児科医、眼科医、精神科医、発達心理学者、看護師、保育士)もいます(「乳幼児の〝メディア漬け〟に関する調査研究事業」二〇〇四年三月、子どもとメディア研究会「子どもとメディアの〝新しい関係〟を求めて」二〇〇三年三月、シンポジウム「スマホ時代の乳幼児の子育てを考える」二〇一五年一月二四日および二〇一六年一月二三日、清川輝基・内海裕美『「メディア漬け」で壊れる子どもたち』少年写真新聞社、二〇〇九年など)。

対話がとくに子どもたちにとって大きな力を持っていることを実感した人たちで、もっと勉強しようということになり、個人的な読書会を持つことになりました。選ばれた本は、ヤーコ・セイックラほか『オープンダイアローグ』(前出)と今井むつみ『ことばと思考』(岩波新書、二〇一〇年)とヴィゴツキーとバフチンの本でした。

筆者の私は、すでにそれらの本を全部読んでいましたが、実際の対話を通して、改めてそれぞれの本を読んでみると、想像を超える対話のダイナミズムに圧倒される思いでした。考えを根本から揺さぶられることもありました。それらについて、以下に述べたいと思います。

対話と人権

子どもの言葉の獲得と認識についていくつかの著作がある今井むつみによれば(前出の岩波新書のほか、『ことばの学習のパラドックス』共立出版、一九九七年など)、個人差はあるけれども、赤ちゃんは一歳の誕生日前後で話し始め、その後、半年ほどは語彙を少しずつ増やしていきます。そして語彙が五〇程度になる一歳半ごろから二歳半すぎにかけて、語彙爆発といわれる時期に、急速に、爆発的に語彙を増やします(針生悦子編『言語心理学』朝倉書店、二〇〇六年)。この語彙爆発期が人間に特有の現象であることについて、学者の見解はほぼ一致しています。そしてこの語彙爆発期は、ちょうど子どもと親(大人)との接触がもっとも親密な時期と重なり、さらに大人同士の話し合いにも子どもが関心を持つ時期でもあるので、ここでも対話は子どもに大きな影響を与えることが想像できます。語彙の数と質は子どもが育つ環境によって差があることはよく知られています。

語彙の爆発期は、子ども自身が自分の持つ言葉の無秩序なコレクションを、ある共通性に基づいて区分けしていく「概念」の獲得に依拠していると言われています(たとえば、コップ一個とぬいぐるみ一個を「一」という共通の数字のもとに所属させる)。その概念によって整理された言葉は、異なる共通性を持つ他の概念ともネットワークを築きます。

今井の著作を対話という視点から読むとき、もっとも興味深いのは概念の獲得と言葉の関係についてです。赤ちゃんは言葉を話し始めるかなり前から、いろいろな種類の関係に敏感で、見た目では同じでないものをある共通性でくくり(たとえばバナナとリンゴを果物という概念でくくり、スミレとユリを花という概念でくくる)、区分けしていく生得的な能力を持っています。それは人間に特有なもので、爆発的に言葉を増やしていくことができるのは、この概念の獲得に依拠するからです(今井、ヴィゴツキーほか)。見た目では違うものを、ある抽象化した共通性でくくっていくことができるのは言葉の助けによると、今井は言います。

言葉の助けを借りて概念で区分けしていく能力は後天的なものではなく、生得的に備わった能力だと言っているのです。

そこから推論すると女も男も、子どもも大人も、アフリカ人も日本人も、人間としてはみな同じという共通性でくくられた概念は、社会科学的に言えば（生物学的にはまた別のくくり方があるでしょう）人権を持つという共通性において、みな同じというくくり方もできるわけです。そして人権の中核となる自由と平等、反強制性、相互性などを具現しているのが対話という話し方ではないかと筆者である私は考えるのです。

人びとが忘れられない対話の思い出を語るとき、その対話の底流に共通するものとは、人間性への深い洞察です。

人権というとき、コミュニケーションを禁じられた人権というものは存在しません。自由な対話ができにくい社会には、独裁政治による人間性の抑圧、あるいは過剰な自由競争で人びとが自己防衛に走らざるを得ないという共通性があるのではないでしょうか。対話には民主的というか、人権優先の思想が流れています。いいえ、対話そのものが人権思想をつくり出すのかもしれません。対話が人びとに好まれている最大の理由は、そこにあるのではないでしょうか。

対話の持つ平等性、相互性、話し手の感情や主観を排除しない人間的全体性、勝ち負けのない対話の中から生まれるものへの尊敬——それらのことが対話の魅力になっているのです。

針生悦子は、『言語心理学』(前出)の中で、一九七〇年から八〇年にかけてニカラグアで聴覚障害を持つ子どもの公教育が始まった時点では、それぞれの子どもは、私生活の中ですでに手話のコミュニケーションを行っていたので、そのバラバラの私的な手話の経験は、大勢の子どもが集まったときに、自然に混合統一されて、より複雑で高度な伝達機能を持つ共通の手話に完成されていったと述べています。私生活の中で個人的な対話の経験を持っていたことが、その後の社会的なコミュニケーションの土台になった、という例です。小さなコミュニケーションの世界で、私的な対話・コミュニケーションの有益さ、楽しさを経験していれば、より広い社会でそれを一般化することは困難ではない、という中学生の意見を紹介しましたが、それがここでも実証されています。

同じような話を音楽大学の先生から聞いたこともあります。たとえば音楽大学の学生は、いつも一対一の指導によって音楽を勉強しているので、一対一で対話的に伝え合う重要性がよく分かっていて、卒業生が音楽以外の職業についた場合にもその特質を理解している有意義な人材として認められ、実業界からの求人も多い、と話してくれました。

東ドイツのベルリンの壁が崩れたとき、私はウィーン大学にいて、しばしば東ドイツとの間を往き来していました。一人の傍観者として私が見たもっとも大きな変化は、人びとの生き生きとした対話の復活でした。命令でもなく、演説でもなく、人びとは公園のベンチで、あるいは知らない人の家に友人とともにあがり込んで、夢中になって、人間としての、個人としての対話をはじめました。まるで人権の象徴が対話であったかのように。私の目には秘密警察がなくなったからという理由だけでなく、対話という日常の自由な空気こそが新しい社会をつくり出し、水を得た魚のように人びとを活気づけたように見えました。

それは何十年か前、日本人が敗戦によって経験した自由の空気と似ていました。農村で小作人という身分から解放され、都市では労働組合の結成によって、社会保障なしの失業の恐怖から解放され、家庭では女性が家父長制から解放され、平等な人間としてあちこちで対話をする人びとの姿が見られました。そのとき、個人から出発した生き生きとした人間的な対話の復活が、社会を明るく活気づけている、と感じました。

権力による画一的な抑圧があるところに自由で多様な対話はありません。権力とは政治権力のことだけではなく、利潤第一を求める効率の強制力のこともあるし、望まないのに電子機器を使わざるを得なくする教育環境のこともあります。家族の中の、あるいは学校の中の大人の一方的な押しつけが権力であることもあり、その極端なものは暴力による制裁でしょう。体罰の中に対話はありません。

NHKが、二〇一四年五月一四日に「クローズアップ現代」で「追跡〝出家詐欺〟――狙われる宗教法人」で、多重債務を免れるため出家して名前を消させるブローカーの暗躍を報道しましたが、そのとき、そのブローカーの映像がやらせであったことが発覚しました。それが契機となり政治権力によるメディアへの介入が行われるようになりました。高市早苗総務大臣（当時）の電波停止発言まで飛び出しました。

メディアへの攻撃に対してBPO（放送倫理・番組向上機構）が次のような意見書を出したことが知られています（放送倫理検証委員会「NHK総合テレビ『クローズアップ現代』〝出家詐欺〟報道に関する意見」二〇一五年一一月六日）。

「戦後七〇年の夏、多くの人々が憲法と民主主義について深く考え、放送もまた、自らのありようを考えさせられる多くの経験をした」

さらに次の言葉がきます。

「番組にかかわる者すべてが心がけ、真摯な対話が活発に行われるように体制を整えていくべきである」

ここで真摯な対話とは、よきコミュニケーションを実現することであり、もしNHKと市民との間に、番組を通してよきコミュニケーションが存在していなければ、外部からの圧力に対して真に抵抗できる力はあり得ない、ということです。同時にＮＨＫ内部においても真摯な対話がヒエラルヒーの病巣に阻まれることなく健在していなければならない、と。

会社内部で真摯な対話が行われないところでは外部の市民社会との対話もあり得ません。

対話への旅路

心理学におけるモーツァルトといわれ、教育学者でもあったレフ・ヴィゴツキー（一八九六〜一九三四年）は、対話に対する深い洞察を持っていました。ヴィゴツキーは、彼自身、先進的な世界の研究者たちと常に対話を重ねながら研究活動を行っていました。旧ソビエトだけでなく、洋の東西を問わず、フランス、ドイツ、アメリカの研究者との研究的対話・討論を盛んに行い、ジャン・ピアジェ、エドワード・ソーンダイク、クルト・コフカ、エドワール・クラパレードその他の研究者の成果を詳細に分析しています。また、ヴィゴツキー自身が実践的に観察・指導した子どもたちの発達過程について多くの研究成果を残しました（ロシア語版『ヴィゴツキー著作集』（全六巻、一九八二〜八四年）が出版されると、ただちにアメリカで、その全英語訳版（一九八七〜九八年）が出版され、アメリカをはじめヨーロッパ諸国、日本でもヴィゴツキー研究が、現在もなお、活発に行われています)。

「対話」について、ヴィゴツキーはその著書(『思考と言語』(新訳版)柴田義松訳、新読書社、二〇〇一年)で次のように述べています。

人間の思考(内的発話)は、まず幼児と両親の間で交わされる対話の相互作用の中から生まれる。幼児にとっての言葉は、自分の身体の外側にある社会的な環境(言葉という、意味の環境)から与えられたもので、およそ三歳から七歳の自己中心的な発話の時期に、言葉と意味というシステムを自分の心理機能の内側にとり入れ始める。先ず対話があって、そこから自己の言葉[内言]や思想がつくられる。

乳幼児に対する大人からの対話的働きかけと対話が、子どもの内的意識を成長させるだけでなく、人間は対話という外側から投げかけられるものによって言葉とその意味を知り、それに対応する自己の言葉(内言)の弁証法的なやり取りによって、自己の内的思想を発達させるのです。そうやって深められた内的思想は、さらに外に向かって、対話や討論や、書き言葉として、さらに研究論文となって、人びとに影響を与え、そのモノローグとダイアローグの相互作用がポリフォニーとして社会の思想・文化水準を豊かにし高めていく、とヴィゴツキーは考えました。

この学説はすでにボールドウィン、リニャーノらによっても認められており、スイスの心理学者ピアジェの、①言葉は、はじめは子どもとまわりの人間とのコミュニケーション手段として発生するが、②子どもの集団の中に口論が起こると、自分の考えを論証しようとする欲求が起こり、自分の考えの根拠を意識化し、確かめようとする内的活動が起こる。③その結果、自分の内的な活動の素地としての「思惟」が子どもの中に発生する、という説をヴィゴツキーは自著『思考と言語』の中で支持しています。

それはつまり、ヴィゴツキーのいう「コミュニケーションの過程でこそ、考えを検討し、確認する必要が生じる」ということにほかなりません(『「発達の最近接領域」の理論』土井捷三・神谷栄司訳、三学出版、二〇〇三年)。

この過程は、子ども自身の精神的財産ともいえる、内的発達過程を覚醒させ活発化させる働きをしているのです。

ヴィゴツキーが対話との関係でさらに証明したのは、次のことでした。

私たちは考えを伝達するために、考えを表す言葉の一般化(一般の人に分かってもらう表現)を必要としますが、子どもは大人との対話の中で、大人との交流が発達すればするほど、言葉の一般化を広げていく、という正比例関係です。逆に対話的交流が少なければ一般化もまた未発達になります。発達を求める子どもの本性は、子ども自身が、現状にとどまることを欲しないので、自分より年上の子どもや大人との交流・対話を好んで積極的に行おうとします。

ヴィゴツキーが教育界に大きな影響を与えたのは、子どもの知的発達のために準備される知的水準の近接領域の研究でした。この研究は、後でふれるオープンダイアローグにも影響を与えています。「近接領域」とは、子どもが現在持っている知的水準よりもやや高いレベルの知的環境のことで、まわりにいる教師や大人が少し手助けすれば独力で到達できる水準のことです。覚えさせるとか、教え込むのではなく、子ども自身が現在到達している水準を使って問題解決をすることができ、次の発達段階に到達することができるような環境のことです。

子どもの発達は、子どもの現在の知的水準からみて、ややレベルの高い環境がまわりにあることによって活発化する、とヴィゴツキーは教育現場での実証的研究を通して結論づけました。

このことは、学校教育にとっても、子どもを取り巻く教育環境にとっても、すでに経験的には周知のことでした。とはいえ、体系的にそれを証明したことで、その近接領域の研究は教育学の大きな財産になりました。

たとえば、サルに自転車乗りをくり返し教え込む訓練をすれば、それが可能になります。しかし子どもは、教え込むためのくり返しの訓練や学習がなくても、いま持っている知的段階の能力を使って、自発的に次の段階への発達を実現するのです。

その場合、重要なことは、ここでいう発達とは、そのことを自己目的として、大人によって勝手に準備され、教え込まれる発達ではない、ということです。子どもが、やや年長の子どもや、多くの経験や知的レベルを持つ仲間との集団遊びの中で、自然に模倣したり、活発な対話をしたり、自分から好んで新しい経験の中に入り込んで手に入れる、あくまでも子どもの本性から出てくる自発的な欲求に基づいた個性的で積極的な発達のことです。

それは、何をどれくらい覚えたかということではなく、子どもの知的段階が、次の全面的な発達を自発的に呼び起こすようなことを意味しているのです。

教室での学習も、子どもの内面に自然に起こる発達への要求に応えるような、それぞれの子の知的水準に適切な、次の発達段階を考慮した授業、学習、生活経験の環境が必要とされます。

ヴィゴツキーの実験的分析によれば、八歳の子どもの次の段階への発達の可能性は、九歳の子どもの段階であることもあるし、一〇歳の子どもの段階であることもあり、それは子どもの個性によって違います。

同じ年齢の子どもにとっても、最近接領域はさまざまなので、その領域を高く設定しすぎても、低く設定しすぎても、好ましい結果は得られません。一人の子どもの発達の可能性に最適な環境は、子どもによって、それこそいろいろです。全教科が均等に発達していくわけではないように、まったく個性的なのです。個性的であるということは、子どもを画一的に一斉に教育するのでなく、それぞれの子どもをよく理解できる一対一の対話的教育環境が必要だということにほかなりません。さまざまな発達の近接領域を持つ子どもの発達のダイナミズムは、一般的な形で設定することはできないのです。

発達の最大の成果を収めることを可能にする条件を、定型化することはできない、とヴィゴツキーはくり返して強調しています。個性の異なる個々の例を列挙してみても、そこから一般的法則をひき出すことはできないし、個別のいくつかを平均化してみても、あるいはいくつかの事例を統計化することも、教育にとってはまったく無意味です。

体温が三七度前後の範囲に収まっているときが健康に最適であるように、現在の知的レベルと次の発達段階との関係は、それぞれの子どもにとって二つの関係が一定の範囲の中にあることが、最適な関係だとしか言えないのです。そしてその最適な関係は子どもによってまったく違います。

日本のように、一律に同じ学年は同じ教科書を使い、同じ指導要領に基づいた授業をし、どこまで成果を上げたかを全国一斉の学力テストで確かめるような学校教育は、子どもの知的発達にとって好ましいとは言えない、ということでもあります。

バフチンの「対話の思想」

ヴィゴツキーとほぼ同じ時代に生きた言語学者・文学者・哲学者のミハイル・バフチン（一八九五〜一九七五年）は、「対話の思想」(dialogism; dialogical theory)を社会的思想にまで発展・深化させ、精神医学の領域にも大きな影響を与えました。彼の著作については、彼の名前で出されているものはドストエフスキー論と、ラブレー論の二つしかありません。というのは、彼の著書の多くが、バフチンの研究チーム「バフチンサークル」の名で出されているからです。広く人文科学の分野で、旧ソビエト最大の思想家として、数多くの著書があるバフチンの文学理論はとくに有名です（M・バフチン『小説の言葉』伊東一郎訳、平凡社ライブラリー、一九九六年、T・トドロフ『ミハイル・バフチン　対話の原理』大谷尚文訳、法政大学出版局、二〇〇一年、M・ホルクウィスト『ダイアローグの思想——ミハイル・バフチンの可能性』伊藤誓訳、法政大学出版局、一九九四年など）。

対話の思想を精神医学の領域にも導入した「オープンダイアローグ」という対話を通しての統合失調症の治癒回復はヤーコ・セイックラほか『オープンダイアローグ』(前出)によって日本にも紹介され大きな反響を呼びおこしています。

オープンダイアローグによる治癒回復は、フィンランドでの具体的な治療方法が知られています。薬に全面的に頼らなくても、医療チームと患者および患者家族とのオープンな対話を通して患者を治癒に向かわせ、社会的ネットワークの中に包摂することができる、という実績が具体的に示されています。このオープンな対話は、患者や家族が安心して落ち着くまで同じチームがかかわり毎日でも続けられます。それは理解の共有のためだと言われています。セイックラはオープンダイアローグが「技法」や「治療プログラム」ではなく「哲学」や「考え方」であることをくり返して強調しました。

人間の本性に由来する対話の力は、統合失調症の患者だけでなく、管理された競争社会の中で生き苦しさにあえぐ人びとにも、あるいは学校教育の中でも、そしてまた企業の中の人間関係にも、人間性の回復という希望を再認識させることになりました。

対話の思想の学説史的な研究者であり、実践的な対話の現場とかかわっている心理学者セイックラは、オープンダイアローグに大きな影響を与えた思想家たちの考えの核心部分を著書

『オープンダイアローグ』の第五章と第六章で紹介しています。オープンダイアローグという治癒回復への示唆は医者によってではなく、哲学者たちによってもたらされたからなのです。その中でとくにバフチンのすぐれた業績を、次のように述べています。

バフチンによれば、西洋文化における対話の生みの親とも言われるプラトンは、学術書を書こうとはしませんでした。彼の役割は、答えを見いだすことではなく、対話を通して人びとがその後の思考や行動を支える新しい生き方を見いだし、生み出すことでした。

セイックラの解釈によれば、対話の思想は、対話的関係から始まって生き方にいたる態度なのです。

人と人との対話の中から得たものは、私たちの行為の核心になります。

対話をすることとは、話し手がそこにいる相手とのやり取りの中で、応答の言葉を組み込みながら、自分の周囲の社会という場と絶えずつながっていることです。その中から、新しい理解と発達が生まれます。

テーマを終わらせたり、最終的な回答や解決を与えるために応答するのではありません。応答することで、いま話し合われていることに、さらに広い見通しがもたらされることが期待されているのです。

対話dialogueの語源は、ギリシア語のdia(〜を通じて)とlogos(言葉)です。

バフチンの対話についての思想の中心的位置を占めるのは、応答性です。

「言葉にとって(ということは、つまり人間にとって)応答の欠如よりも恐ろしいものはない」

「聞かれる、ということそのものが、すでに対話的関係なのである」

さらにバフチンは対話を、身体性を持つものだと考えました。

話し手は、聞き手について、たえず十分に考慮し、話している中で、イントネーションや姿勢や涙という身体言語を汲み取っています。話し手は、答えの内容と、トーンのどちらも聞かなければならないのです。そこに他人もいるのか、部屋がざわついていないか、寒すぎないか、それらの周囲の状況は対話する人の繊細な感情に影響を及ぼすことを、配慮しなければなりません。無数の感情的要因が、共有された対話を作り上げているからです。

語られていることがらは、対話の中で、新しい意味を得ます。語り合っていることがらについての新しい言葉が対話の中で生まれるのです。語り合っている人たちは、語っていることの社会的意味や、社会的アイデンティティを対話の中で作り出しているのです。

新しい理解が生まれるのは、応答の言葉があってこそで、対話は共有された新しい現実を作り出します。他の人たちの話をもっと理解しようとするとき、その話し合いで、自分自身が考えていることを、もっと自覚するようになります。

権威主義的な話し方は、聞き手に自分の考えを押しつけ思い込ませようとする、閉ざされたものです。それに対して、対話は開かれています。お互いに応じ合う中で新しい意味が生まれ、変化し、新しい理解が生まれる可能性が広がっていきます。「対話」はともに考えていく手段であり、そこでの理解は、一人の人間の可能性を超えるものとして、お互いの間で作られていきます。こうしたことを達成するためには、対話の参加者が耳を傾け、相手に届くような応答をする必要があります。応答は言葉の持つ基本的性質なのです。その意味ではお互いの責任ある態度が対話的関係を作り出すとも言えるでしょう。

危機が生じたり、不安が高まったり専門家が互いを非難し合うようなときは、一見すると対話的プロセスがうまくいっていないと感じられます。しかし、まさしくそうした状況でこそ、対話が必要とされ、それがもっとも力を発揮するのです。

オープンダイアローグは、参加するメンバーが場所を共有することを原則としています。オンラインでチャットしても、オープンダイアローグは成立しません。

メンバーがその場に居合わせ、固有のかけがえのない身体を持ち寄って対面しつつ言葉を交わし、身体の反応としての感情の表出を大切にすることが前提なのです。

第2章でふれた、私たちが誰言うとなく自然発生的に作った「対話的研究会」は、偶然にこのオープンダイアローグの原則そのものだったのでした。

バフチンは、対話は意識と意識のコミュニケーションそのものであり、その意識間のコミュニケーションが生まれるかどうかは、話し手が聞いてもらえ、受け入れられていると感じられるかどうかにかかっている、と言いました。

さらにバフチンは対話を、「アイディアを生む培養地」であると考えました。意味が作られていくのは、その場にいる人たちの間のやり取りの個別性の中においてです。言葉が意味を持つためには応答を必要とし、意味が応答に依存していることをバフチンは、対話の「完結不可能性」と呼びました。意味というものは、応答、応答に対する応答、そして更なる応答が続くという、本来予測不可能なプロセスのうちに生み出され変わっていくからです。それは中断されることはあっても、決して終結することのないプロセスです。

バフチンによって深く考えられ、実践の中からとらえられた「対話」は、物理的には別々の個体である人間が、言葉を介して出会い、物理的境界を越えて、お互いの精神の間を循環し、思想に橋をかけて豊かにしあう特殊な生き方であることを、私に再認識させてくれました。宙に浮いて、人びとの間をさまよい舞い上がっている言葉とは違って、人びとの身体の中を通ることができた対話こそ、患者を治癒に向かわせ、人びとを理解で結びつけ、そして社会を豊かにしていくのだということ。それは同時に個人の主体性を作っていくのだということを私は理解したのです。

第4章　対話を喪ったとき

日頃から対話の経験を持たないと、たとえおかしいと思うことがあっても、上の立場の人への忖度や自己保身のお世辞が先立ち、権力者や上司に対して、まっとうな意見を述べることに躊躇してしまうのではないでしょうか。

大きくは、原発問題や軍事基地問題、騒音、二酸化炭素の排出や自然環境保護など、それらの公共問題が、権力や札束で決められることがあってはならないのです。市民の人格権を守るためには、保身のための沈黙は、有害無益です。和をもって協調することだけでは社会の誤りを正すことはできません。それどころか、命に危険が及ぶ結果さえもたらしかねないのです。

沈黙の社会

「口答えするな」という言葉を知っていますか。私の子ども時代、社会には対話がありませんでした。

たとえば学校で、

「廊下の掃除をしなさい」

「今日は一組の当番の日です」

「口答えをするな」

というふうに、対話が成り立たない時代でした。なぜ？　と理由を聞くことは禁止。相手の言葉にいつも背筋をピンと伸ばして「ハイ」と答え、訳がわからなくてもすぐさま実行に移す。「口答えするな」(こんな言葉を知っている人はもういないでしょうね)。理屈の合わない命令に対して理由を聞こうとすると、必ず大きな声で「口答えをするな」と叱責され、体罰を受けることもありました。

昔も今も、人がもし、自分の考えを率直に言葉に出して話し合えば、「戦争などやめるべきだ」という結論に達するかもしれません。それを怖れて戦争当時は、自由な意見を述べることや、討論そのものが禁じられていたのです。

人びとを動かしていたのは一方的に伝えられる支配者の言葉だけでした。社会全体が軍隊の延長で、人間としての言葉も判断力も奪われていた時代でした。今も言論の自由のない国のニュースが伝えられると、私は日本の過去のことを思い出します。

絶対服従の社会では、大人たちはまわりを見まわして、ひそひそと話をしたものです。食料の配給がないために子どもが「お腹がすいた」と言えば、「戦場の兵士を思え」と大人から叱責されました。

対話や討論がない社会とは、支配者にとってこの上なく都合がいい社会です。誰も批判者がいない沈黙の社会ですから。

昔の話ではありません。戦後七〇年、言論の自由のある民主主義社会になったはずなのに、私たちの社会には、なぜか空気を読むとか、上司の気持ちを忖度して、言葉に出して質問したり意見を言ったりしない、という風習があります。

「空気を読んでいては空気は変わらない」は、安全保障関連法などに反対してきた学生団体SEALDs《シールズ》の大学生の言葉ですが、あいかわらず、言わないことが無難だ、あるいは関係しない、というのが日本の保身の社会です。

たとえば、典型的な対話なき失敗例の一つとして最近おおやけになったのは、二〇二〇年の東京オリンピック・パラリンピックに向けた新国立競技場の設計コンペで選定されたザハ・ハディド案を白紙に戻したその経過と、高額な税金の無駄使いのケースでした。後述するように、委員会（文部科学省、同スポーツ・青少年局、独立行政法人ＪＳＣ、国立競技場将来構想有識者会議、新国立競技場基本構想国際デザイン競技審査委員会など）という決定機関で、委員の間での責任ある話し合いが行われないまま、上の人の意向を忖度して、一旦はザハ案に決まり、それが社会的批判にさらされると、それを破棄することで結果的に約七〇億円もの税金が無駄にされたのです（「新国立競技場整備計画経緯検証委員会検証報告書」および二〇一六年八月の文科省の発表による）。

昨今、社会に大きな悪影響を及ぼした事件は、いずれも上の人への忖度が先立ち、率直な議論ができなかった点で共通しています。当事者たちのプロとしての判断基準は、上の人の意中を読むことだったようです。

至当な反対意見を述べることに躊躇する人がいるのは、たぶん、個人と個人の間の対話の経験を日頃から持たなかったためではないかと思います。

対話は、上の人への忖度や自己保身のお世辞ではなく、また、一般論や抽象論でなく、人間としての対等な立場で、その時その場にもっとも必要な自分の考えや感情を、自分の言葉で語る話し合いです。そこで必要な言葉とは、その時その場にもっとも適切であった一度きりの貴重な言葉でしょう。

自分の考えや感情が、他者との言葉の往復によって、よりよいものに高められていく達成感は、対話の醍醐味ともいえます。そのことを経験によって知っている人は、対話を忌避しようとはしません。保身のための言葉など意味がないと感じるでしょう。上司の意向を忖度することは、有害な結果さえもたらしかねないからです。

私たちが日常、大なり小なり経験していることは、次のようなことです。よりよい解決をめざして、討議・討論を重ねて決めていく社会ではないこと。物事を相対的、多角的にとらえ直し、論拠を明確にして議論をし、合意に到達する社会ではないこと。

これに対して、それぞれの社会にはそれぞれの方法でお互いに了解し合い、社会的な合意を作る仕方があるので、対話や論争がなくてもいいではないかという反論があるかもしれません。けれども、現実に社会が急速に個人化して、個性の違いや生活の多様化が進み、階層の分離が固定化していく中で、忖度や推察という一方的な思い込みでは、的はずれになることが多くなっているのではないかと思います。

言葉には限界があるにしても、言葉を持つ動物である人間にとって、言葉は、やはり最良のコミュニケーションの手段です。言葉に出さなければ、誰が何を思っているのか分かりません。

発言する人にとっても自分の考えや感情を言葉にすることは、それによって自分の持っている感情や考えを整理して再確認できる効果を持っています。

分かり合っているはずの家族の中でも、あるいは、技術畑で寡黙に過ごしてきた人にとっても、いまは対話することがこれまで以上に大事な社会になっています。

対話を回避する社会

個人の尊重を前提にした民主主義社会では、人びとは自分を認めてほしいという欲望を、人間的な本性として肯定しています。それは民主主義という社会制度とも適合しているために、熱心に聞く人がまわりにいれば、誰もが自然に自分の考えを話し始めます。認知症予防とケアのために、あるいは精神障害者にとって、対話がいかに必要であるかは、すでに実証されていますし、一人暮らしで黙っている生活は、健康のためにもよくない、と考えられています。言葉によって自分を表現し、応答し合うことは、小さな、けれども大切な幸せではないでしょうか。

第2章で紹介した、私たちの「対話的研究会」での経験を振り返ってもそのことは確信をもって言えます。

複雑化していく社会の中で、共有する社会のシステム——社会保障制度とか、社会資本とか——について、社会人であり、税金や保険料の拠出者でもある私たち市民には、お互いに話し合う「討議デモクラシー」が必要です。学校の統廃合とか、道路問題とか、一方的に行政が決めてしまった後で、どうすることもできない遺恨を経験した人は、市民討議の必要性を痛感しているはずなのです。

行政や企業の組織の中では形として会議があっても、民主主義的で、双方向的な対話型でなくはじめに結論があり、権力による一方的な命令の伝達でしかない場合が多いです。稟議《りんぎ》制度という、あらかじめ個人的な根回しをして、討論を避けてしまう仕掛けもあります。東芝の不正会計、三菱自動車のリコール隠しや燃費のデータのごまかしなど企業による不祥事のあと、きまって指摘されたのは形骸化した会議のあり方でした。

行政と市民の間の話し合いはもっと露骨です。行政側は自分たちが決めた計画を遂行するために形式的な会議を持つのであって、説明会の中で、市民の側から計画の変更や廃止が求められると「まず計画ありき」で突っぱね、住民の手からマイクをとり上げて打ち切り、計画が強行されたことさえあります。

現在の政府と沖縄の辺野古基地をめぐる問題でも、政府側が使う言葉だけの応酬は自治体の自己決定権を否定し、非暴力の住民に対して政府が暴力的に強行することで計画が進められていきます。

［対話喪失社会の陥穽・1］
驚愕の「学校経営の適正化」

学校の中で、上下の別なく慣習的に校内の問題が討議されていた時代には、職員会議では、教員同士の対話があるのが普通で、教師仲間はお互いに教材の工夫に知恵を出し合ったり、優れた授業見学の報告をしたり、若い教師とベテランの教師の間でも、学習困難な生徒への援助や疲れぎみの新任教師の負担軽減など、重要な問題については、多数決で決定せず全員が納得するまで長い時間をかけて(ある場合には夜遅くまでや日曜日にも)対話が重ねられていました。

人間である教師が、人間である多様な生徒を教育する学校という職場では、自由な対話に助けられることなしには、困難な、しかし、生きがいを感じる使命をはたすことはできなかったと、当時を知る教師たちは、一九九〇年代末から急速に変化する前の時代を惜しんでいます。

教員という職業の魅力は、ＯＥＣＤ教育・スキル局長のアンドレアス・シュライヒャーが言うように、「教師が相互に助け合う協力型の職場であること。継続的な研修と経験の積み重ねで、専門職としての技能が育ち、教えるだけでなく研究者としての資質が育つこと。教員同士が水平的な交流をしており横のつながりを持っていること。中央からの指令によるのでなく大きな裁量権を教師自身が持っていること」（『PISAから見た二一世紀の教育』国民教育文化総合研究所）であるとしています。それはすなわち対話型の教育現場であるということでしょう。

また当時の校長や教頭は日常的に全教職員と言葉を交わし、行政の言葉ではなく教育の言葉を交わすことを心がけていました（渡部謙一『東京の「教育改革」は何をもたらしたか』高文研、二〇一一年）。

日本の文部省（当時）も戦後しばらくは、戦前の教育を反省し、一九四六年の「新教育指針」で学校運営について次のような指示を出しています。

「校長や二三の職員のひとりぎめで事をはこばないこと、すべての職員がこれに参加して、自由に十分に意見を述べ協議した上で事をきめること」

また一九四九年の『小学校経営の手引き』では「真の指導性は、外的な権威によって生ずるものではなく、人々の尊敬と信頼に基づいて、おのずから現れることがその本質をなす」とも述べています。

しかし、中教審（中央教育審議会）が一九九八年に「今後の地方教育行政の在り方について（答申）」の職員会議のあり方の「具体的改善方策」の提言で、「職員会議は、校長の職務の円滑な執行に資するため、学校の教育方針、教育目標、教育計画、教育課題への対応方策等に関する教職員間の意思疎通、共通理解の促進、教職員の意見交換などを行うものとすること」という答申を行ったことから、職員会議が校長の諮問機関であるという道がつくられていくことになりました。二〇〇一年一月、文科省は学校教育法施行規則で「校長の職務の円滑な執行に資するため、職員会議を置くことができる」「職員会議は、校長が主宰する」（四八条）と明文化しました。

もともと職員会議は法律によるものではなく、教育活動上必要な教職員の合意をつくる場として慣習的に定着して行われていたため、教育委員会という行政がそれぞれの学校内の具体的な運営にまで干渉することは抑制されていたのです。そこに起こったのが、驚愕すべき事件としての、東京都教育委員会による、二〇〇六年四月一三日の「学校経営の適正化について」と題する都立学校あての通知でした。

その通知の2で「職員会議を中心とした学校運営から脱却することが不可欠」と述べ、2の(2)で具体的に「「挙手」、「採決」等の方法を用いて職員の意向を確認」することを禁止したのです。それにさかのぼる二〇〇三年には学校の入学式・卒業式における日の丸・君が代の実施状況をきびしく監視し、日の丸を掲げる場所、掲げ方、君が代の伴奏方法、生徒の座席の作り方、証状の授与の仕方、教師の服装にいたるまで細かい規則を定めました。順守していない教員に対する罰則まで加えたのです。

卒業式や通年行事の細かな内容にまで職務命令が出されて、細部にわたる式次第が教育委員会によって決められました。学校長は教育委員会の決めた通りに教師たちを束縛し、違反があれば、減給や昇任延期や職場の短期異動などの罰則を科します。

たとえば、障害児に厳粛な卒業式の間、一時間もトイレに立つことを禁じて、おむつをあてさせ、これまでフロアで行われていた卒業証書の授与を、車いすでわざわざ壇上に登壇させて手渡します。校長は当日の式の内容を事前に教育委員会に提出し、あらかじめ許可を得なければなりません。職務命令に忠実でない教師については、校長からただちに教育長への届け出が行われます。

こうして、校長の現場に応じた裁量は一切認められなくなりました。国歌斉唱の間、教師は起立を義務づけられて、気分が悪くなった生徒の介助のために、しゃがんで抱くことさえ難しくなりました。

社会に出れば、子どもは厳しさに出会うのだから、厳しくするのが教育だと教育委員会が判断すれば、現場はその判断に服従する、という教育になったのです。

対話や経験の積み重ねがある教育現場がまずあって、その多様性の中から、生徒にもっともよい教育を、と校長と教師は熱意をもって対話し、工夫する。これがあるべき本来の姿ではないでしょうか。私が経験した軍国主義時代の「口答え禁止」と五十歩百歩のところまできたということなのでしょうか。

それと並行して企画調整会議、主幹制度、人事考課制度などのタテのヒエラルヒーが教員を評価して締め付け、競争教育が拍車をかけて、その影響にはばらつきはあるものの、都立高校だけでなく、区立の中学や小学校の学校運営にも悪影響を及ぼしています。東京から国を変える、という元都知事の教育制度への野望が実現するのでしょうか。

学校の中は、教員同士が協力して生徒たちの教育に当たるという、ある意味で当然の慣習がなければ成り立ちません。今は、バラバラに孤立した教員が、校長、副校長、主任のタテの指示で動く上下関係の歯車の一つになっています。行政の言葉でなく教育の言葉で語ろうとすることで不利益を受ける教師は、疲弊し、抵抗する気力も失っています。

校長や教師が外部の権力から管理されれば、教師は問題が起こるのを怖れて生徒を管理しようとします。学校内のいじめや事件も、何とか隠そうとします。全国学力テストの点をあげることが、優先価値になります。人間と人間が向かい合う教育現場では、罰や評価を恐れる教師のそういう態度は、生徒に敏感に伝わるものです。問題が起これば、それを「話し合ういいきっかけ」ととらえて教育的に活用する、という教育実践はやりにくくなります。

対話がなくなれば、対話の代わりに、命令と監視が支配するという現実がやってきます。教師に対する人事考課制度の業績評価のひとつに、校長・教頭による授業観察があります。同僚同士の授業見学や研究交流とは異なり、管理者による人事評価のための観察は自然な授業の流れを妨げ、生徒たちも敏感にそれを感じとります。その結果、生徒や保護者まで先生を監視・告発するようになるのです。選挙権が一八歳からに引き下げられたのに伴い、教師に「政治的中立」の授業が外部から強制されたとき、それを監視する密告が奨励されました。期限までに全国から三〇〇を超える密告があったといいます。

私はある校長に質問してみました。「いじめられている生徒のことを、教師はそんなに分かりにくいものなのでしょうか」

校長は答えました。「報告が上にあがってくればですが」

教員が上下関係で管理・監督されるようになると、教員と生徒の関係も、管理し／管理される関係になることを避けられません。学校の校長の仕事として、対話や協議を奪われたまましめな校長の変化についても、考える必要があります。一方で服従を強いられ、校長の裁量権を奪われていながら、他方では無理にリーダーシップと権威を示さなくてはならない校長は、自分の中に納得できる根拠がないにもかかわらず、だんだんに、形式的で権威的な言葉を使うようになります。そして、自分の言葉でない言葉と、自分の言葉との区別ができなくなります。その結果、人間としての大切な視点での考え方や感受性まで失ってしまうのです。

教育長から職務命令を受けた校長は、教師や保護者からの反対意見や、質問を受けることを極度に嫌います。本心から職務命令を正しいと思っているわけではないから、なおさら答えられないのです。

職員や親の反対意見を嫌い、吟味してみようとさえしなくなり、自分の学校には過ちがないことを強調して、過ちを客観的に検証してみようとさえしなくなります。保守政治家が、日本の過去の過ちを認めたがらないのと似ています。

［対話喪失社会の陥穽・2］

なぜ九人もの命が失われたのか

二〇一二年一二月二日、山梨県大月市の中央自動車道笹子トンネル上り線で天井板などが約一三八メートルにわたって崩落し、トンネル内を走行中の車両三台がコンクリート板の下敷きになって九人が死亡し、二人の負傷者を出しました。

誰もが突然の天井板崩落を、おかしいと思ったでしょう。なぜならそんなことが起こらないように中日本高速道路株式会社(NEXCO中日本)による安全点検が定期的、または臨時に行われているはずだからです。天井板崩落を起こしたその場所は二か月前に保全点検を終えたばかりの場所だったので、人びとの驚きはいっそう大きく、点検が杜撰であったのか、三五年前につくられたトンネルの老朽化のためか、あるいはトンネルの構造自体に問題があったのか、さまざまな憶測が飛び交いました。そのとき、私が直感的に思ったのは、事故の原因は技術的な問題の背後に、たぶん組織内の協議の欠落、日常の風通しのよい対話の喪失にあるのではないかということでした。

人災であるとすれば、どこに事故原因があったのかを明らかにする必要があります。そこで、二〇一三年第一回安全性向上有識者委員会で配布された多くの資料の中の「資料4　笹子トンネル天井板落下事故概要」および「資料5　維持管理業務のプロセス」を詳細に見てみました。「参考資料」の「中央自動車道笹子トンネル(上り線)の過去の点検経緯」の中に点検方法が変更されたという記録を見つけることができました。さらに二〇一五年一二月二二日横浜地方裁判所判決文（確定）にも同じ記載があります。

二〇一二年定期点検計画の変更経緯には次のような記録が残されています。

その記録によればこれまでは「全長にわたりトンネル点検者による近接目視（必要に応じて打音）を実施する。……天井板裏は、主に天井板吊り金具について簡易足場を用いて触手又は近接目視点検を実施する」となっていました。ところが、その点検方法はいつのまにか「天井板裏は、主に天井板吊り金具について天井板上を徒歩にて目視及び打診により実施する」と変更されていたのです。

この記録と点検方法の変更について、現場にくわしい専門家に聞いてみると、簡易足場は作業車にはしごをつけたもので、吊り金具のそばまで寄ることができるので、懐中電灯の光も届き触手も打音もできる。しかし天井板の上を徒歩で歩くと、点検者の目と天頂部接着系ボルトの距離は三・五メートルほどとなり、ボルトできちんと留められているかどうか判断しにくい。ボルトがグラグラしていたり、抜けかけていたりして、安全に天井板を吊り支えることに危険がないかどうかを点検しなければならないのに、双眼鏡でもそれが分かりにくくなるという改悪でした。

なぜわざわざ点検しにくい方法に変えたのか。おそらく、効率的に手間を省き、コストの節減を狙ったのでしょう。その理由についての討議資料もないので、真実は分かりません。

「トンネル天井板の落下事故に関する調査・検討委員会報告書」(二〇一三年六月一八日。この調査報告は結局どこに落下原因があったか、よく分からない甘い報告書だとメディアの評価はきびしかった)をみると、天井板を吊るのに使用されたボルトは、ケミカルアンカー、レジンカプセルで、素材は不飽和ポリエステル系の樹脂だと説明されています(なお詳細を知りたい人は当報告書および横浜地裁判決文を読んでください)。

天井板落下調査報告書によると、ボルト先端がボルト孔底に到達していないものや、その他不適切な装着が行われており、引き抜き強度が極端に弱く、設計上の引張力に満たないものが一六本。触手しただけで抜けてしまったものもあると書かれています。判決文ではさらに明瞭に、「天井板に打設された接着系アンカーボルトは工事完成時点から所定の接着剤の引抜抵抗力が発揮されないものも含まれるなど設計・施工段階から事故につながる要因を内在しており……全体として天井板を吊るすための強度が不足するに至り約一四〇メートルの区間にわたり連続して落下した」とあります。この判決文によると同じアンカーボルトを使ったアメリカのマサチューセッツのトンネルで同じように天井板崩落が起きていたといいます。

ここではこれ以上のことを書く紙幅がありませんが、この報告書と判決文をくり返し読んで、真っ先に疑問に思ったことは、ボルトの不具合ですぐに抜けそうな状態にあることをなぜ点検で発見できなかったのか、ということです。点検は安全のカギです。

ここからが本書のテーマである対話や討議との結びつきになるのですが、天井板落下は、通過する人間の命にただちに結びつく大事件です。命に直接にかかわる技術的問題が点検時に軽視されていたということなのでしょうか。笹子トンネルの事故で亡くなった九人の命はそんなに軽く扱われていたのでしょうか。

先に述べたように、二〇一二年の定期点検計画の変更経緯では、点検方法が「簡易足場を用いて触手又は近接目視点検を実施」から「天井板上を徒歩にて目視」に変えられています。

このとき、作業に当たる技術者は「なぜ点検方法が変えられたのか。その結果、安全性に影響はないのか」という重大問題を上司に質問し、話し合うのが普通で、ただ「変更する」という上意下達・命令では済まなかったでしょう。コストの節約だけのために、このような対話も討論もなかったとすれば、日本社会の安全秩序が崩壊しているとしか思えません。

事実、中日本高速鉄道株式会社「安全性向上に向けた取組み」(二〇一三年一月三〇日)で、当時の代表取締役社長・グループCEO金子剛一は、安全に対するグループ内の連携・コミュニケーションについて「様々なコミュニケーション活動を通じて現場から提案を取り上げ、フィードバックするよう努めてきましたが、十分にはできていないところがありました。グループ内各部門間の連携やコミュニケーションが十分に行われていたとは言えない」と言っています。横浜判決ではさらにふみ込んで、「通行者の安全を確保しうるか否かは、点検計画の立案、審査及び道路技術事務所等との協議内容如何《いかん》にかかわっていたということができる」と断じています。

技術者は対話をしたのか

では、点検という仕事が第三者の命にかかわるような重大な仕事であることを、口で言うのはやさしいが、どのようにして現場で働く技術者に徹底させることができるのか。現場の技術者は、NEXCOのグループ会社(下請け)です。その当事者に、ただ「重要な仕事だ」と言ったとしても、それが良心的な仕事のモチベーションになるとは思えません。形式的にくり返されたとしても聞き飽きた言葉として聞き流されるでしょう。

現場の技術者が、効率性よりも第三者の命が優先される仕事であることを本能的に身につけておくためには、コスト計算だけでなく、良心的な技術者としての日常の対話が必要です。天井板の上を歩くだけではボルトの状態を確認しにくいという声が出たときには、それを誠実に受け止めて、どうしたらいいか、現場の働き手に意見を出してもらい、安全を第一に点検方法の改善を考えなければなりません。

誰もが通るトンネルが安全でなければならないのは自明のことです。自然災害ではなく、人災で、どうしてあれほどの事故が起きてしまったのか、納得できる人はいないと思います。避けられない災害ではなく、良心的な点検さえ行われていたら、発生しなかった第三者被害だからです。

人命を犠牲にした結果、やっと明らかになった杜撰な点検――。

笹子トンネルの点検現場に詳しいNEXCO中日本の土木工学の専門技術者に、その理由を聞いてみました。

暉峻　二〇一六年五月にも、発注者の国土交通省を騙し（つまり納税者である消費者を騙し）、自社利益を上げた熊本の東亜建設工業が摘発されました。羽田空港C滑走路の地盤改良工事を偽装（地震で滑走路が液状化するのを防ぐための注入すべき薬液を、予定量の五・四％しか注入しなかった）していたのです。

土木事業の多くは、人命にかかわる事業なのに、これでもかというように、偽装工事が行われます。職業に対する誇りと忠誠心はどこにいったのでしょうか？　たとえば食品産業がコストを下げるために守るべき衛生基準を偽装し、食中毒が発生して死者が出たら、会社は賠償金を支払うだけで倒産でしょう？　それだけに監督する側の責任もまた重いのではないかと思いますが、事業を行うほうも監督するほうも、その双方で、人命が軽視されているのはどうしてでしょうか。

技術者　点検の仕事が今は下請けにまかされていて、技術的知識と経験がある発注者が責任をもって点検することはほとんどありません。

それだけでなく、技術の要点が、現場の人にきちんと伝達されていないのです。熟練した医者の診療をインターン（初心者である研修医）が横で実地に見て習得しているように、そして、先輩が初心者の技術を横で監督して、その場その場に適切な指導をするように、技術の伝承は、教科書や仕様書やコンピュータに依拠するだけでは足りないのです。具体的に先輩と後輩が対話しつつ、知識と技術が伝承されるのでなくては、本人のものとして、身につくことはありません。

暉峻　ではどうしてそのように重要なことが、省略されているのでしょうか？

技術者　技術の伝承には、特殊な例にも対応できる知恵と経験が詰まっています。インターネットや仕様書だけでそれを代替することはできません。ですから、たとえば行政で人事の採用が行われるとき、技術の伝承が可能な年齢差が条件にされてきました。

下請けに仕事を発注するような場合も、技術を持った係長が必ず現場に行って、確認をしていました。また、そうすべきです。今は、パソコンのやり取りで済ませています。

暉峻　守るべき基準が守られていない環境だということですか？　とすれば、私たちは一歩外に出たら命がけ、ということになるのでしょうか？

技術者　基準が守られず、検査をくぐり抜けている場合がもちろんあります。基準だから、原則だから、その通りでなくてもいいだろう、すぐさまバレたり、事故を起こすことはないだろうという甘い解釈です。

それ以上に問題なのは、一般道路や高速道路の基準もまた、基準は基準にすぎないのです。基準ができるまでに議論されたさまざまな具体的な失敗例などの背景は忘れ去られて、基準ができると、基準ギリギリのものをつくればいいということになります。点検も同じで、仕様書にも基準が書いてあるにすぎないのです。

原則とか基準とかいうのは抽象的で平均的な、一般の参考になるものをあげています。だからそれでいいというものではなく、その場その場の特殊性に合わせて、人間が頭を働かせ、ある場合には基準よりも厳格な条件を当てはめなければならないことがあります。原則だから基準を緩めてもいい、ということばかりが横行していますが、緩める場合と同じように、きつくしなければならないことが忘れられています。

暉峻　その通りですね。私の住む練馬区も高架下に、高齢者センターをつくるために、高架道路下占用許可基準を、大幅に逸脱緩和する建築物を建てつつあります。占用許可基準によれば高架下の柱のまわりは一・五メートルあけなければいけないのに、実際は七〇センチしかあけないで建物が建てられつつあります。それでは十分な点検ができないのですが。

占用許可基準は原則だから、緩和してもいいのだという無責任な態度です。結局コストを下げて、住民の命の安全はないがしろにして、「計画を遂行する」ということだけが目的になっている。そのことによって犠牲にされるのは第三者である市民なのですね？

技術者　昔は資材なども十分に使用経験があり、歴史的に耐用年数を安全に経過しているのと同じものが使われました。今は、使用経験がない輸入材などが、説明書の説明だけで公道や公的建物に使われています。設計についても、昔は不安な要素があれば、それを設計中に汲み入れて、不安に対応できる余裕のある設計をしていました。今は、一連のマンションの杭打ちデータ偽装で発覚したように、基準ギリギリにさえ達していないものをデータの改竄で処理する、利潤第一のもうけ主義です。設計者は現場に必ず行くべきなのですが、今は行かないことが多いです。

受注した下請けは言われた最低限のことしかしません。最低限とは仕様書通りのことです。笹子トンネルの場合、ねじ(ボルト)の緩みを打音もせず、目視のみしかしていませんでした。目視で済むかどうかは経験を積んだ人でなければ判断できません。下請けの人には、起こるかもしれない、いろいろな場合に想像力を働かせて仕事をするという習慣がありません。最低限のことを効率よくすることが求められるからです。また、笹子トンネルの場合、点検範囲の半分しか点検せず、そのままになっていました。

何よりも安全第一の企業風土をつくることが大事なのです。人間と人間のつながりの中で、良心的な技術伝達をすることが、会社の中では「効率化とコスト縮減に反する悪」という風潮になっていれば、対話は成立しません。

暉峻　個人的な伝承は人によりムラがあると考えられているのでしょうか。あるいは、時間がかかると考えられているのでしょうか。しかし、一般的仕様書と並んで、同時に個人的な対話を通した伝達をすれば、一方的な伝達ではなく、教えられるほうからも質問がいろいろ出るでしょうね。双方向からの伝達の仕方でないと、本当に作業する当事者の技術と判断力は育たないでしょう。人命と引き換えにさえなる工事に、省くことばかりが優先されるようでは、安全第一の企業風土はできないでしょう。

その証拠に、これまで違反が見つかったのは、ほとんどが内部告発によるものです。内部告発する人は、告発する前に、まわりの仲間に、「このままでいいのだろうか、これでは安全ではないのではないだろうか」という悩みを話しているため、内部告発者であることが知られやすい。そのため、会社にいづらくなると言われています。本来は、労働組合がそういう良心的な仲間を守らなければならないのに、企業と一体化している組合も多いと聞きました。私が直接に質問をした組合の人も「もちろん内部では点検方法に対する不安が言われていた」と言っていました。なんだか救いがないですね。

技術者　企業の中に安全第一の風土を作るには、社員研修で、失敗例を正確に伝えることが必要です。

二〇一六年の熊本大地震の場合にも、最大加速度が一五八〇ガルという、これまでの基準を超えた例が出ました。柱一本ごとに、建てられた環境が違うから、ひとつひとつに、違った判断が必要になります。しかし、これまで私たちは「震度〇〇までは対応できるようになっています」という答え方をするように教育されてきました。たとえば「阪神・淡路大震災程度の地震には対応できるようになっています」というように。つまり、不安の原因を突き詰めずに、逃げた答え方をするように教育され、それで済ませてきたのです。

技術者の研修の範囲と質は、どんどん広がってきています。たとえば、市民に対する説明の仕方も、民営化が広がるのに対応して、市民の持つ不安を直接に理解しなければならなくなりました。専門的知識をどのように分かりやすく説明するか。現在の限界や失敗例をありのままに話すか。質問されなければ、そのままにやり過ごしたり、責任を回避してごまかしたりすることになりやすい現状ですが、目先だけを見て、将来にわたる安全を見ないような態度は市民には理解されません。

対話は仲間内だけ、社内だけでなく、常に外部の市民ともすることによって、技術の是非が判断されなければならないのです。

二〇一五年一二月二二日、横浜地裁はボルトの経年劣化に対する点検が不十分であったことを認めて、NEXCO中日本に四億四三七一万円の賠償支払いを命じる判決を言い渡しました。この判決に対して亡くなった石川友梨さんの妹、愛さんは記者会見で、「誰か一人がこの点検方式はおかしい、天井板が危ないとさえ言ってくれたら、お姉ちゃんたちは、死なずにすみました」「プロ意識を持って仕事をしていれば防げた事故だった。中日本高速道路を許すことはできない」と言っています。

会社の中で前の点検方法に戻したほうがいいという提案があれば、それをまじめに検討しなければなりません。モチベーションというのは、命令や上意下達だけでは作り出せないものです。命を預かる誇り高い良心的な仕事をするためには、対等で日常的な、風通しのいい対話が必要なのです。人間は、何によって良心的に動くか、何が生きがいになるか。それは対等な人間関係のもとで、全人格をかけた対話が行われ、個人に納得され、自発性を持たせるときにのみ、発揮されるのだと思います。私が別々に面談した五人のNEXCO中日本の技術者はそれぞれに、「技術者としては、安全のために反対したくても、上からの決定には組織上従わざるを得ない」と同じことを苦渋の表情で言いました。

ここで私がこの問題を取り上げたのは、ほかでもない、福島の原発事故後、原発の設計に携わった人が「危険に対する対応が十分でないことは、当時から分かっていた。しかし、安全神話が強固に支配する流れの中で、それを主張することはできなかった」と言っているからです。

上意下達と長いものに巻かれて無難に、という流れが支配的な中で、一人の個人として人間の良心に基づいて仲間たちと対話しようとする企業文化が育たない限り、本来なら予見できた恐るべき事故も防げません。

［対話喪失社会の陥穽・3］

住民無視の関越道高架下問題

東京・調布市の調布保谷線道路拡幅に際して、行政と住民が対話を重ねた結果、利便性と環境保持を両立させたすばらしい道路づくりができた事実（第5章を参照）を知ったとき、私の頭に真っ先に浮かんだのは、練馬区が、関越高速道の高架下に強引につくりつつある高齢者センターその他の施設のことでした。行政の態度として正反対のやり方がとられているからです。

危険な高架下にわざわざ福祉施設をつくらなくても、空き地の多い練馬区では、他の場所に建てることができたし、既設の建築物を改修するとか、あるいはつくらないという選択肢をとることも十分にできたのです。

この計画は、住民の需要の優先順位を真摯に検討したものではありませんでした。住民は特別養護老人ホームや介護施設、保育園や学童保育、公的な総合病院を、より優先的に要求していました。

さらに練馬区自身が発行した二〇一三年の施設白書には、これからは練馬区が持っている公的施設が老朽化する時代に入り、その補修に莫大な費用(税金)を必要とすると、数字をあげて記されています。これからの人口減も考えると、高架下という不適格な場所に、二六億円もかけて新しい施設をつくって、人気取りをする時代ではない、と常識ある住民は考えています。旧来の施設を上手に使い、もしつくるとしても真に必要な施設の優先順位を厳選し、危険な場所を避けなければなりません。

この計画は、計画地のすぐそばに住む町会長であり、同時に区議会議員として二〇一二年、自民党の幹事長も務めていた某氏が、積極的に進める役割を果たしました。彼は二〇一三年には、この事業を担当する企画総務委員会の委員をつとめました。

しかし、東日本大震災の経験や、阪神・淡路大震災の規模をさらに超える熊本大地震で、橋や道路の倒壊を目にしている住民は、わざわざ高架下に老人や子どものための施設をつくることに、一貫して疑問を持ち続けています。しかもそこに二六億円の区民の税金が使われるのです。

それだけでなく、高架下を一キロにわたって塞いでしまうことは、関越道の両サイドに住む住民からすれば、地域が分断され、災害のときに高架下をくぐって逃げることができなくなることを意味します。さらに、毎日二〇万台の車が走る関越自動車道の高架下は、騒音、排気ガス、振動が大きく、そのうえ、関越道での車両火災などもしばしば起こっています。これまで高架下が空き地で、通風があることによってどうにかそれらを切り抜けてきた実情から考えると、これ以上の受忍を住民に強いることは無理ですし倫理にも反します。

にもかかわらず、犠牲になる住民への配慮がまったくないままに、この計画は練られていったのです。

国交省が経済成長戦略としての規制緩和政策にそって、これまで禁じていた高速道路の高架下に占用許可基準に適合する建物であれば建ててもよいという活用・促進方針に転じたのは、二〇〇五年と〇九年の通達によってです。

練馬区はそれに即応して、〇八年二月、「関越自動車道高架下活用検討部会」を設置し、同年三月と六月に矢継ぎ早に第一回、第二回の専門部会を開きました。そして、その専門部会で事務局案を確認しています。

二〇〇九年八月には関係課長会議で、活用計画素案、スケジュール、進め方についての確認が行われています。ある課長は、これまでやったことがない重大な企画にしては、課長たちが知らされた時期は、通常の慣習から見るとかなり遅かった、と疑問を述べています。

さらに、この活用計画素案が区議会の企画総務委員会に報告されたのは、二〇一〇年一月なので、議会にも、二年間は秘密にされていたことになります。

そのような経過をたどって、住民説明会が開かれたのは二〇一〇年三月のことでした。規制緩和策に乗って高架下に公的な福祉施設をつくることは、練馬区にとってもはじめての試みであり、もっとも被害を受ける沿道住民にとっては、生活権、人格権を侵される、寝耳に水の出来事でした。被害を受ける住民の多くは、退職後の終の棲家《ついすみか》として閑静なこの土地にささやかな住居をつくった人たちです。みな高齢化してこれからどこかに引っ越すことはできません。真っ先に説明しなければならなかったのは、この住民たちに対してだったのです。

ところが、練馬区は住民に知らせる前に、計画地のそばに住む先述の区議会議員の町会長とそのまわりの町会長にひそかに集まってもらい、計画の完成に向けて協力を依頼したのでした。その集まりがあったことを知って、どんな集まりで何が話し合われたか、出席したどの町会長も、住民の質問に答えようとしませんでした。調布保谷線の道路問題で、東京都が「従来のような町会長や商工会の役員を頼っての計画推進は、現代にはもう通用しない」として、直接に住民と対話的協議会を一〇回開き、住民たちによる協議会も七〇回にわたって開催され、住民の当初の疑念を徐々に信頼に変えていき、住民のアイディアも採用して、双方が快適な道路の完成を喜んだのとは、雲泥の差です（第5章）。

高架下活用計画の説明会当日、町会長が動員して集めた賛成派の住民と、初めてこのことを知って反対した住民との間で怒号が飛び交い、練馬区への抗議も激しく、説明会は会として成り立ちませんでした（『東京新聞』二〇一〇年一一月一日からの一連の報道、ほかに『朝日新聞』二〇一二年一月五日、『毎日新聞』二〇一一年一二月一三日など）。

この説明会開催のお知らせは、現場から一〇〇メートル範囲の住宅にのみポスティングされただけで、福祉施設を利用することになる当該地域の住民には、何も知らされませんでした。その四か月以上も前の区報に、練馬大根販売のお知らせの横に、虫眼鏡で見なくては分からないような小さな字で、開催の日時と場所が書いてあるだけでした。

練馬区が高架下につくろうとする建築物の、巨大な倉庫、スポーツ管理棟、リサイクルセンターなどは建築基準法の制限によって建てられない建築物です。そこで練馬区は、用途地域の例外許可を取るためには住民から同意署名を集めなければなりません。その同意署名の用紙に、「建築基準法上建てられないので、例外許可を得るために、同意署名をいただきたい」とは書かずに、ただ「用途許可の手続き上」必要だからという説明をつけていました。そして、法的違反を問われないように署名用紙に「建築基準法の四八条三項のただし書きの規定に基づく」

という付記がありました。

住民の誰が六法全書を持ってきて、このただし書きを点検するでしょうか。

同じようなことは、その後もいくつも起こりました。懇談会から反対派住民を排除することもしました。練馬区が消防署と警察に事前協議を行っていないのに、協議をしたことにした書類をつくって施設を保有する日本高速道路保有・債務返済機構に提出したりもしました。反対する住民がどんなに合理的な根拠を示しても、まず高架下ありき、の行政の計画はかたくなには変わりませんでした。

このようにして出発した、不公平で非民主的な計画は、計画遂行のために屋上屋を重ねて公正でない行動をとりました。賛成派の町会長の町会では回覧板を回して、所属世帯に賛成の署名をさせ、それを区議会に賛成の証拠として提出しました。署名の回覧板を回された町会の住民の一人は、「回覧板に署名しなければ誰の目にも、それが知られる。踏み絵のようなものだった」と私に語りました。

練馬区の出発点の誤りは修正されることなく、現在も建築が強行されつつあります。反対する住民の住居の真上の関越道で二〇一五年一二月に車両火災が起き、どろどろにとけた遮音壁が落下してきて、消防車の水とガソリンが混じった水が関越道から流れ落ち、老人たちは恐怖で棒立ちになって、動くこともできなかったといいます。自宅の目の前に、火の粉と焼けただれた遮音壁が落ちてきたKさんのご主人は、その後もしばしば門前にぼんやりと立っては、目の前が一キロにわたってふさがれる今後の生活を思い、鬱状態になって、亡くなられました（建築審査会での妻の陳述および隣人の話による）。

民主主義とは、行政が住民と対等な立場に立って対話するときに、はじめて機能するのです。対話することによって住民と行政はともに経験を積み、成長することができます。形式的な区議会の多数決とか、形式だけの説明会では、民主主義は空洞化します。その結果、市民の無関心派が増え、それがあるとき、社会を逆行させる引き金にもなるのではないかと憂慮します。

対話が根づかなかった日本社会——その分析

対話を失った社会でいくつかの悲劇が起こっている実例を、これまで述べてきました。かなり古い文献になりますが日本の社会の中になぜ対話が根づかないのか、その理由を分析した三冊の本を挙げたいと思います。そのうち、土居健郎と中根千枝の本は、多くの人に読まれた有名な本なので読んだ人も多いでしょう。これらの本の中では、「対話」という言葉こそ使われていませんが、対話しない（できない）日本人を個人と社会の両面から、鋭く分析しています。

いわゆる教養書でありながら、研究者としての研鑽を積んだ両氏の固有な分析は日本人論として海外でもひろく読まれています。

たとえば土居健郎の『甘えの構造』(弘文堂、一九七一年)は、次のように言います。

日本人は(異文化がまじりあわない島国という歴史があるためか)、一体感を求める気持ちが強く、欲求を察してもらいたいという受け身的愛の文化を持っているので、客観的に事実を分析し、対等に討論することで解決を見いだすという文化が根づいていない。言葉に出して主張するのでなく、相手に気持ちを汲み取ってほしい、相手の愛情を当てにするという文化である、と。

たしかに土居の指摘は当たっているのですが、しかし、それは察することにいつも察し間違いがないという社会でないと、もし一方的に察したことが間違っていれば、悲惨な結果を招くでしょう。「お言葉に甘えまして」という言葉も、もし甘えが相手に許容されなければ、逆に嫌悪感を持たれるでしょう。察し合うことで満足する――それは多くの外国人が往き来し、異文化が歴史的に入り混じった現在の社会では、通用しなくなっていると思います。

愛してもらいたいという相手の心の底にある欲求を察する、という日本の文化に対して、土居は必ずしも否定的な価値判断をしているわけではありません。しかし、察し間違いがないように察するには、双方が同質の感情や考えを持っているのでなければ通用しないことを自身の海外経験から、明らかにしています。甘えるということは、お互いに感じていることが同じだと信じているおめでたい環境の中の風習でもあるわけです。

たとえば、「どうぞごゆっくり」と言われるままにいつまでも長居すると、気が利かないとか、ずうずうしいとか言われて敬遠されます。

甘えが許される状況か許されない状況かを判断するのは、異文化の人、価値観の違う人には難しいことです。私はたびたび外国人から、「遠慮ってどういうことですか」と聞かれて、うまく説明ができませんでした。

「『自分がある』人は甘えをチェックでき、甘えに引きずられる人は自分がない」という土居の言葉は、日本人にだけ通用する言葉ではないかと思います。

たとえば、自分の気持ちを察してくれる甘える相手を持っていない人は、甘えられる相手にたまたま出会うと飢餓感から相手の迷惑もかえりみず、無制限に相手に甘えかかってしまい、結局は人間関係を破綻させてしまいます。相手の立場に立ってみることができる人は、自分自身の自我の確立ができている人で、これ以上、相手に負担をかけると相手もつぶれてしまうことが分かり、適度に自分の甘えたい気持ちをチェックできる(コントロールする)でしょう。それを言葉に出して「○○してもいいですか？」と聞き、「それでは困ります」と言うかわりに、察し合ってきたのが土居の言うこれまでの日本人だと思います。

察する文化、甘えを許容する文化、依存の文化は、対話やディスカッションを必要としない文化です。言葉にする重要性をあまり認識していない社会です。

しかし、『甘えの構造』から四五年。その間に進んだ個人化と分衆と言われる階層化と、もはや平均では表せない格差社会の到来は、察するという伝統に黄信号、いや赤信号を与えているのではないでしょうか。

空気を読む能力がない人を軽蔑する人もあれば、空気を読むことに左右されて主体性に欠ける人を軽蔑する人もいます。現在の社会では、部分的共感主義、刹那的同質性はあり得ても、同質思考、同質感覚でもたれ合うことが、はたして現実に可能なのか、私は懐疑的です。

言葉に出して言わなくても察し合える伝統的パターンを持っているせまい世界では、たしかに互いに共感し合うことで、人を傷つけずにすんだり、慰められたりするでしょう。

しかし他方では、異なっている人間同士であればこそ、対話によって、新しい理解の地平を拓くという、よろこびもあるのです。対話する社会とは、多様な思考、多様な感受性に出会い、想像力を豊かにする社会でもあります。

土居もまた、一方では甘えたい(一体感を持ちたい)という人間の欲求を肯定しながら、他方では単一の価値観を持つ唯一の集団しかない社会では、個人の権利は守られない、とも言っています。

対話が根づかないもう一つの理由

もう一つの日本人論として有名なのが中根千枝の『タテ社会の人間関係』(講談社現代新書、一九六七年)です。

すでに紹介した土居の研究方法は、個人の意識および精神の安定を失った患者の状態から観察して、「甘え」という一体感を持ちたい欲求に普遍性があることを洞察したものです。そして日本の社会がその甘えを容認する社会であることを浮き彫りにしたものでした。

それに対して中根の社会人類学的研究方法は、同じ近代社会の制度を持つ国であっても、その社会の人間関係や、組織の運営方法、個人と集団のかかわり方などは、まったく異なっていることに注目して、日本の社会が単一性を土台にしたタテ社会であるという結論を導き出しています。

近代的な資本主義国家では、企業とか労使関係とか教育制度とか都市への人口集中などの共通した社会的類型がみられます。しかし、制度や組織とは異なったところで、表には見えない形で、人間の考え方、日本のような社会があることを指摘しているのです。

たとえば、日本では、契約とか資格とか万人に理解しやすい規則によって社会が律されるよりは、特殊な人間的な関係で社会的なとり決めが行われる傾向が強いという考察です(先に述べた新国立競技場問題など)。

日本では、個人が国家とか会社とか学校とか家族などの集団に、全面的に所属し、その集団の一員として一体感を持つことを強制されます。ある集団に所属する個人が、同種の他の集団とも関係を持ち、両方に所属することはほとんどないのです。ある書道の流派に属する人は、他の書道の流派に属することはなく、あるサッカークラブ員が他のサッカークラブに所属することもありません。もし、そのようなことをすれば、裏切り者とみなされるからです。

今では、国家という単位さえ超えた集団がいくつもあり、それは営利的な私企業であることもあれば、価値観を共有する非営利の市民の集団であることもあります。

けれども日本国内では、専門性によって横断的に横の関係がつくられるよりも、先輩・後輩、入社何期生、××大学卒というグループのほうが、無理なく親しい関係ができるのです。年功序列は日本人に認められやすい制度ですが、個人の能力によって引き抜かれた人事制度は、いまもなお一般的とは言えません。産業別労働組合よりも企業内労働組合のほうが圧倒的に力を持っています。

私自身の経験でも、同じ労働者階級の人間として、解雇された未知の人を助けるというようなことは、日本ではほとんどありません。解雇された人が、会社の門前でビラまきをしていても、昨日まで同じ仕事場にいた仲間たちは、冷淡に通り過ぎていくだけです。ドイツで横断的な全国規模の失業者同盟ができ、それを現役の労働組合が助ける、という状態を見て、私は驚いたことがあります。日本では横断的な連帯よりも上下の格付けがたくさんあって、大学にも一流大学があり、企業にも一流企業がある。親会社と下請けと孫請けの系列もある。いまだに国が一方的に軍事基地を押しつける沖縄のように、地方自治体と国は対等になれない中央集権国家です。そして他の自治体で生活している住民は、ああ、私の頭上でアメリカ軍の輸送機オスプレイが飛ばなくてよかったとでもいうように、沖縄を助けようとしません。官僚組織でも、上司の間違いに、下の者は何も言えない。

私は、厚生省(当時)の局長が、国会でウソの答弁をしたために、私の正しい研究の調査結果のほうが間違っていることにされ、文部省(当時)検定によって教科書から削除された経験を持っています(私の三年あまりの抗議によって最終的には教科書に復活しました)。そのとき、私は尋ねました。「もし、いま、外で雨がザーザー降っていても、気象庁が晴れと言ったら晴れになるんですか」と。「はい、そうなります」と課長は平然と答えました。

日本で組織を動かすのは市民社会で公認されたルールではなく、上下の人間関係です。スポーツ界でも監督のために頑張って勝ちたいチームもあります。論理的・科学的にみて、どんなにおかしいことであっても、タテの関係がすべてを動かす社会は、普遍性でつながる横の関係をつくることができません。二〇二〇年に開催される東京オリンピック・パラリンピックのエンブレム問題も、審査員が、お目あての好意を持つ人の作品に対していい評価をし、評価理由についての情報公開をしたがりません。それでは対話が入りこむ余地はありません。

中根の著書に戻ると、彼女は、日本人の対話には弁証法的な発展がない、ほめる書評とけなす書評しかないように、「ごもっともで」という一方通行か、反対のための反対か、両者は、はじめと同じところにいて、弁証法的な対話にならない、と、痛烈な批判をしています。日本人が話せるという場合は、はじめから気が合っているか、一方が自分をある程度犠牲にして、相手に共鳴、あるいは同情するふりをすることが前提になっている場合だと断じています。

この本が書かれてから五〇年が経過しますが、日本の社会にも変わらないところと変化したところがあり、たとえば民主党政権時代に原発に対して賛否両論の意見を持つ市民が公開討論をしたときには、議論の進行にしたがって両者の意見はしだいに変わり、最終的には「原発ゼロを」という結論に到達したこともあります。

中根は、議論や対話ができないその条件を支えているのは、社会としての強い単一性である、と以下のように結論づけています。

　この日本列島における基本的文化の共通性は、とくに江戸時代以降の中央集権的政治権力にもとづく行政網の発達によって、いやが上にも助長され、強い社会的単一性が形成されてきたのである。さらに近代における徹底した学校教育の普及が人口の単一化にいっそう貢献し、とくに戦時の挙国一致体制、そして、戦後の民主主義、経済の発展は、中間層の増大拡大という形をとりながら、ますます日本社会の単一化を推進させてきたものといえよう。

　中根のこの論説もまた、土居と同じように、対話が根づかなかった理由を、単一社会によって説明しているのです。

日本人は何を捨ててきたか

最後に、中島義道の『〈対話〉のない社会』（PHP新書、一九九七年）について触れましょう。この本は一九九七年に刊行された本ですが、土居や中根のように戦後しばらくして書かれた本とは違い、現在の社会にそのままあてはまるところが多い本です。あまりに的を射た指摘であるだけに、私は読みながらつい笑ってしまうこともしばしばでした。

和を尊び、対話することを避けてきた社会のために、日本人は何を捨ててきたか、という点に、中島は焦点を合わせています。それは「個人の考える力」を奪ってしまった、という結論です。

自由にしてよい、しかし責任を取れ、という西洋の個人主義とは異なり、勝手なことをするな、他人に迷惑がかからないように振る舞え、という日本独得の規制原理は、個人主義もタラコスパゲッティのような和風個人主義になり、「対話」も日本的風土に合った「会話」になっている、と彼は言います。

校長先生が朝会で、「みなさん、前後左右の他人のすることをよく見て、あまりそれに反することはしないようにしましょう」とか「自分だけで決めることはあとで責任をとらなければならず、損だからやめましょう」と言うのなら自分の言葉や行為に誠実だが、言葉の上でだけ自由とか個性の尊重とかを言い、実際の判断や行動はダブルスタンダードで動き、そのことに本人自身が気がついていないという点を、激しく批判しているのです。

私は、中島の指摘に、ある重大な事件を思い出しました。それは東京都教育委員会が、入学式や卒業式に際して日の丸・君が代の起立斉唱に従わなかった教師に、懲戒処分を行ったことをめぐってです。現在、処分された教師たちの「懲戒処分取消等請求事件」が提訴されています。

都教委は教師に対して日の丸・君が代を強制しただけでなく、生徒にもまた日の丸・君が代に対して起立斉唱させることを、教師に要求しました。教師は公務員ですが、生徒や保護者は私人です。国籍や宗教を問わず、多様な生徒を受け入れている公立学校が、学習の妨げになるわけでもない生徒個人の思想・信条・良心にまで立ち入ることは許されないと思います。

しかし、それに対して都教委は裁判で次のような答弁をしているのです

「児童・生徒が、国歌斉唱をする場に臨んだとき、一人だけ、起立もしない、歌うこともしない、そして、周囲から批判を受ける、そのような結果にならないように指導すべきだとの考え」だ、と。

それでは、社会が間違った方向に走りだしたとき、誰がそれを止めるのでしょうか。

中島が批判しているのは、じつにそのことなのです。

以下、彼の哲学者としての鋭い洞察を、断片的にではありますが取り上げてみましょう。

対話が自立した個人の間での、全人格を投影した話し合いであるとすれば、集団の中にいる安心感を好む日本人には、個人の自我の確立は必ずしも必要ではなく、同質の考えを持つ人たちの和によって気持ちよく過ごすことが大切な価値になる。和を乱すような批判的な言動は、それが正しい発言であってもうとまれる。

その理由を中島は、日本は島国で、同質性が高い国であり、異文化の人間に対して対話によって相手を理解したり、理解させたりする必要がなかったからだ、と解釈しています。さらに、日本人はまず自分の考えを言葉にすることにしり込みする、学生たちもなかなか意見を言おうとしない、何も言わないのが無難という風習が一般化している、とも指摘しています。

そして国民が考えたり発言したりする代わりに、支配者が「望ましい考え」を、上から強制的に示す、と。

たとえば、これでもかこれでもかと目立つところに掲げられている垂れ幕や看板――。

「守ろうよ、私の好きな街だから」

「ありがとう　笑顔でかわす　よいマナー」

「毎日の　対話がつくる　よい家庭」

というような次第です。

対話がないことでいちばん利益を得ているのは、自由に国民を統制できる強者であり権力者だということに、そして、それが先の十五年戦争を招き、双方で二〇〇〇万人を超える犠牲者を出したということに、国民も支配者も思い及ばないという鋭い指摘や、日本人は注意し合うことで、人を傷つけたり恨みを買ったりすることがいやなので、お上に管理してもらうことを望む、つまり、みずから「対話」を封じているという指摘は、まったく正当で的を射ていると思います。

日本社会に際立つ特徴は、対立を避ける、ということが至上命令になっていることである。集団においても、個々人の対立を避けるにはどうしたらよいか、ということに労力が費やされる。参加者もその理由が分からなくても、みんながいいということに、ともかく同調する、と。

中島氏は次のように結論を述べています。

だが、そのツケは大きい。われわれは、考えなくなってしまった。考えなくてもいいからである。われわれは、自分の言葉を失ってしまった。言葉を発しなくてもいいからである。われわれは、多様な他者とのいきいきとした関係を結べなくなってしまった。他者はいないからである。……「そっと手を貸す思いやり」とか「ありがとう賞」という看板や賞は次々に増える。そして、正確にその分だけ個人が個人に向き合うことがなくなっている。……他者が見えなくなっている。いや他者との関係において自己は「ある」のだから、自分も見えなくなっている。自分が何を考えているのか、何を求めているのか、何をしたいのか、何を感じているのか、サッパリわからなくなっている。……それに疑問も覚えない。こうした人間が犠牲者でなくて何であろう。

私もこの点では共感します。考える力がなければ、民主主義社会、競争社会では生きていけません。多様性がなければ社会はもろいということに気がついていながら、日本社会の現実はなかなか変わりません。土居、中根、中島と時代は大きく移ったのに指摘されている根はひとつなのです。

封建時代、農業社会の、とくに稲作のように水の管理を必要とするところでは、村落共同体の掟に従うことが求められ、異を唱えることが許されなかったかもしれません。村八分も覚悟しなければならなかったかもしれません。しかし、今は民主主義の時代で、民意は対話を土台として討議デモクラシーとなり、その熟議によって作られていく時代です。個人にとっても、社会にとっても対話の欠如は、計り知れない損失を生んでいると思います。

「言葉の本質は対話にある」のです。

第5章　対話する社会へ

対話や討論を軽視したり抑圧したり、無関心だったり、自粛したりする文化様式は、民主主義の価値観を標榜する現代社会に適合しないとしか思えません。

とくに市民が、共通資本としての生活基盤(たとえば、まちづくりや水道の設置と料金の決め方、保健所や学校、図書館や公民館や公園の設置、社会保障制度や公衆衛生制度など)に対して、その費用を税金や保険料として拠出し、利用する市民の立場から、意見や提案を出し、対話する要求を持つのは当然のことです。

おかしいと思ったら、まず、自分たちの言葉で話し合ってみる、開かれた「対話の場」があることで、問題は自分のものになります。

民主主義の土台として

コミュニケーションの権利は、人権の一つです。コミュニケーションを禁じられたり、コミュニケーションが存在しなかったりする生活——刑務所への収監・接見禁止、社会から排除された移民などを、望ましい人間的生活だと考えている人はいないでしょう。

最近、生存権とは、衣食住の保障（生活保護）だけでなく、貧困者やマイノリティを社会から排除せず、社会の中に包摂しなければ、人権の保障にはならない、ということが強く主張されるようになりました。それは言い換えれば、コミュニケーションの場を保証するということです。

なぜなら、人間は、個人であると同時に社会人であるからです。

すでに見てきたように、「コミュニケーションこそ、人間が発達していく場であり、個性と社会性をつなぐ環であり、創造性の培養地である」と言ったヴィゴツキーおよびバフチンは、学校という学びの集団や、地域社会のコミュニティの中で、対話という人と人とのかかわりの大切さ、共有し分かち合う場の大切さを人びとに知らせたのでした。

対話はコミュニケーションの始まりでもあり、コミュニケーションの中でとりわけ大きな役割を果たしています。

そのことを本能的に知っている親は、誕生直後の乳児に対してさえ言葉をかけ、乳児もまた親から働きかけられる言葉を待っている存在であり、応答したがっている存在なのだと確信しています。相手が分かっても分からなくても話しかけたり抱きあげたりして、乳児が反応らしきものを表現すると、大喜びしてさらに愛情を込めた働きかけを強めます。

乳児が応答しないときは、手を替え品を替えては子どもの応答をさそい、声には声を、笑顔には笑顔を、泣き声には緊急の反応を返して、子どもに応答されている安心感を与えます。

「対話」は、個人の存在や発達の前提になっているだけではありません。

力づくで他者を征服しようとする暴力的手段を忌避して、人間として応答し合い、相互の利益をすり合わせ、合意によって解決しようとする、民主主義の土台にもなっています。人間が特権として持っている草の根の対話が下敷きになり、民主主義は実現されているのです。

思い出されるのは、東京大学教授であり、アイヌの民族的叙事詩『ユーカラ』を翻訳してこの世に伝えた言語学者、金田一京助の「片言をいうまで」(『科学画報』一九三一年に収録、のちに「心の小径」と改題、平凡社その他から出版)というエッセイの一文です。

金田一は、明治四〇(一九〇七)年の夏、口承のアイヌ語や叙事詩を収集するため、樺太《からふと》に赴きます。しかし、はるばる訪ねてきた金田一に対してアイヌの人は冷たく、がらんどうの住家にひとりぽつんと居るだけ。

「私の行く所、立つ所、誰もみな背をむけてしまい、口をつぐんでしまう。笑いさざめいていた者も笑いをおさめ、寄り合っていた者も散じてしまう。その淋しさはたとえようもない。……唖《おし》の上に盲にさえ生まれて来たかのような寂寥を感じた」

四日目に外に出て、遊んでいる子どものスケッチをしていたところ、そばに寄ってきた子どもたちが絵の中の目を指して「エトゥ・プイ！」と叫びます。一計を案じた金田一が、「何？」という言葉がほしくて、鉛筆でぐるぐるとわけのわからない線を描くと、子どもが首をかしげて「ヘマタ！」と言ったのです。金田一が小石を指して「ヘマタ？」と言い、草を指して「ヘマタ？」と言うと「スマ」「ムン」と次々に名前を教えてくれるのでした。たちまち七四個の言葉を採集した金田一はうれしくなり、川原でマスを捕まえている大人のところに行って、覚えたての言葉を使います。すると、これまで顔をそむけていた人が、みなうれしそうに笑い、いろいろな言葉を投げかけてくれます。夜はがらんどうの住家に入りきれないほどの人が集まって、踊ったり、歌ったり、しゃべったりするようになります。金田一は書いています。

「たった、こうした間に、私と全舞台との間をさえぎっていた幕が、いっぺんに、切って落とされたのである。さしも越え難かった禁園の垣根が、はたと私の前に開けたのである。ことばこそ堅くとざした、心の城府へ通う唯一の小道であった」

「ヘマタ(何)」というのは、応答を誘う言葉です。対話を始める言葉です。とくに金田一はアイヌの人に対して、偏見を持たず、軽蔑せず、口承の文化を持つ偉大な民族として尊敬する心を持っていました。相手の言葉を一心に聞こうとしました。対話するための、ぴったりの資格条件を持っていたのです。彼が『ユーカラ』を翻訳できたのも、アイヌの人への尊敬を持って対話することができたからだと思います。

本土から来た役人は金田一に問うています。自分たちがアイヌの人に話しかけても、みな難しい顔をして、そっぽを向いてしまう。でも金田一が言葉をかけると、みな、うれしそうに笑顔で答える。その魔法の言葉は何か、と。

それは、「イランカラプテ(なつかしや)」というただの挨拶の言葉だったのです。

対話とは、ただの言葉ではありません。その人が持つ、人柄、対話的な態度と生き方なのです。

人間のコントロール(倫理性)が働いている限りでは、市場での商品交換もまた、対話的手段の一つです。対話こそは暴力・戦争に対する真の意味での反対語なのです。

ところが、最近の社会は、対話しにくい、むしろ対話の価値を認めようとしない社会になりつつあります。

市場の競争に勝つために効率性が優先されれば、個人的な対話から始まる考え方の共有や対話の中で生まれる新しい発想は、不確実でまだるっこしいやり方に見えて、イライラさせられてしまいます。初めから結論ありきの会議では、一方的な伝達や職務命令を出す、てっとり早い結論の出し方が歓迎されます。論拠をあげて何かを言おうとすると、「つまり何が言いたいんですか」と、いなされてしまいます。

大規模な組織の中では、上意下達による管理がすでに習慣化していますから、自己防衛的意識を身につけた人びとは、会社の意向を忖度し、自分が本当に感じている、疑問や意見を率直に言葉にすることを避けます。

定型化された通達や、簡便な電子機器による伝達が、いまや普遍的な意思疎通の手段と解釈され、主流になりつつあります。

そのため、それだけでは意思疎通が十分でないと考える人が、個別に自分の体験を通しての具体的な情報を伝えようとしても、その機会がなかなか得られないのです。

とくに、下請けや非正規の派遣労働者などが、幾重にも重なっている現在の働き方の中では、プロとして蓄積した技術や高度な判断の伝達は重視されず、紙に書かれた仕様書やタブレットの文字や、形式化した会議が、すべてと考えられています。汎用的な仕様書がつくられる背後には、いろいろな体験や失敗の実例が議論され、一般性を持つ仕様書にまとめられていく過程があるはずなのですが、できあがった仕様書からは、それらの多様な実例を想像することはできません。

対話が欠如した職場が起こす不祥事については第4章で取り上げましたが、定型化、汎用化とは質的に違う対話的伝達の方法が、小規模な組織や、人間関係を仕事の基本にしている世界(医療や福祉、教育など)では、いまなお不可欠なものとして尊重されています。先輩経験者と行動を共にして、規範となる動作を見習い、対話を重ね、現場の具体的な事実を前に、チームワークで知恵を出し合いながら意思疎通をはかるその方法こそ、その後の生き方や行動に影響を与えるのです。ある医者は研修医時代に自分を指導してくれた教授の言葉、ささいな動作が今日の自分をつくったと言いました。それは人間の全体性をかけた意思疎通の方法なのです。

社会学者の小熊英二は次のように指摘します(『朝日新聞』二〇一六年六月三〇日)。

——データや知識を提供すれば、人間は政治に関心を持ち、投票するはずだという論者もいるが、あらかじめ関心がなければ、データも分かりやすい解説も無関心な人には届かない。政治を語る人は「政治に無関心な人たちの感覚」が分からなくなっている。政治に関心を持つ契機は、データではなく、人間との対話なのだ――と。

自分で考えるということ

昔から、日常的に自由に対話し討論する場があるか否かは、その社会の性格を特徴づけているように思います。ドイツで一九二〇年代に、意識的にプラトンが語った対話的教育を学校教育の中に持ち込んだレオナルド・ネルゾン（一八八二～一九二七年）の教育理念は、「対話的学校教育」（ネオ・ソクラティク・ダイアローグ）という対話する中で発見し理解していく授業として、自然な形で現在の学校教育の中で一般的になっています。

今、ドイツ、ポーランド・フランスなどの第二次世界大戦で敵国だった国同士の子どもたちのために共通教科書が作られていますが、この試みは第一次世界大戦の後に、すでにあったのです。なぜこんなに戦争ばかりしたがる国民が育つのだろうかという良心的な教師たちの、国境間の壁を越えた苦痛と悩みがありました。自国中心の優越性を教育の中で教えようとすること自体を反省し、国民同士が対話する教育環境を作らなければ、という考えを各国の教師たちはお互いに対話する中で悟っていきました。ナチスの台頭によってその計画は挫折しましたが、第二次世界大戦の後、その試みは現実化しました。日本でも、ヨーロッパにならって韓国や中国の教師たちと、共通教科書を作る対話の試みが続いています。

平和をつくり出すために、その前提条件として対話が不可欠であることを教師たちは知ったのです。戦争の反対語は何もしない平和ではなく対話であることを。

対話によって他者が話す多様な声を自分の中に取り込み、それらの声の交わりを吟味し、関連づけ、まとめ、統合する心理的活動が、個人を発達させる契機にもなるという考えはしだいに一般化してきています。日本でも市民の哲学カフェは、生きた対話によって参加者を楽しませ、個人の考えを成長させるからでしょうか、最近あちこちに広がっているようです。

小・中・高校教育の中にも、以前から一部にはあった対話を重視する教育が見直され、広がりつつあります(河野哲也『「子ども哲学」で対話力と思考力を育てる』河出書房新社、二〇一四年)。

大阪大学、東京大学、立教大学などが調査している関東の小・中・高校の「対話教育」では、対話的授業が無理なく子どもたちに歓迎され、楽しまれていると報告されています。「楽しい」「考えさせられた」「またやりたい」という子どもの反響がほとんどです。

その理由は、持っている知識の量ではなく、対話によって知っていくことの楽しさ、人間の持つ根源的な好奇心、驚き、「他人はどう考えているか知りたい」という子どもの欲求に、対話的授業が応えてくれるからでしょう。

対話的授業を試みたい教員のためのワークショップも、大学の夏期講座などで数多く開かれています（兵庫教育大学、愛知教育大学、東京工業大学、関西学院大学、藤沢教育文化センターなど）。では、どんな対話的授業が行われているのでしょう。河野の本やアメリカのローレンス・コールバーグの本（L・コールバーグ『道徳性の形成――認知発達的アプローチ』新曜社、一九八七年など）の中からいくつか実践例を拾ってみましょう。

子どもに対話的（哲学的）教育はできるのか、と思う人もいるかもしれません。でも、子どもは率直で、他人の意見に好奇心を持ち、柔らかな感受性があるので、対話的授業はむしろ子どもにとって好ましい教育方法だと、前掲書の河野は言います。

さまざまな学科の授業で対話的な教育を行うことは可能で、音楽や芸術は決まった答えがない自由な学科なので、対話をしやすいといわれています。たとえば、その絵で何を表現したかったのか、その絵からどんなイメージを想像できるか。どんな物語が浮かんでくるか。同じリンゴでも人によってどうして違った絵になるのか。色から受けるそれぞれの子どもの感覚の違いなど、上手／下手という見方ではない、できる子／できない子ではない、個性を重視した視点が展開されます。ですから子どもたちは、のびのびと友だちの個性的な能力に素直に感心し、自分は自分らしく生きていくことの自己肯定感を持つようになります。

理科の授業では、これまで先生が生徒に質問をすることで生徒の関心を高めていたのを、対話的授業では、先生も生徒といっしょに、自然の持つ不思議さや驚きを共有して、疑問を出したり、好奇心を持ったり、観察意見を言ったりして、考えを展開していく仲間の一人になります。生徒は新鮮なアイディアで個性的な分析をして、先生から一方的に教えられる授業よりもはるかに発想も思考も活発になります。対話が往き来すると仲間と探求していく共同体がつくり上げられます。自分の考えがどんな根拠に基づいているかを、自分自身で対話を通して確認することを学びます。また、他人の意見に敬意をいだくようになります。

ホームルームや道徳の時間に、生徒に対話のテーマを選ばせると、「担任はなぜ必要か」とか、「ハゲはおかしいのか」といったテーマで、哲学的な対話が展開されるといいます。

「担任」については、担任が、特定の生徒に偏見を持ったり、いじめについて適切な対応を取っていないことについて疑問が出されたりするのかと思うと、担任の厳しさから逆に教えられたことを評価する生徒もいて、担任を見る目が生徒によっていろいろ違うことに気がつきます。すでに存在する担任という制度に疑問を持つ生徒もいるし、一人の人間の持つ長所や短所に対して、担任によって評価基準が違うことに気がつく生徒もあり、制度の持つ意味を根本から考えてみるきっかけが生まれます。

「ハゲ」については、ハゲが起こる原因の研究が行われ、本人の意思では左右できないこと、生活習慣病のように本人の生活の仕方が影響を持つことなどの「原因の相違」が対話によって明らかにされました。人間の外見に対する偏見がなぜ起こるかという点について、対話するうちに、いろいろな人間が持つ違いに対して価値づけをすることから出てくる差別意識が問われました。相違と偏見と差別について、対話を通して知ったのは大きな収穫になりました。大人になってからも、その発見は異文化の人に対する理解や、社会的な貧困問題などに対する洞察につながるだろうと期待できます。

対話は、結論を無理に出す必要がなく、対話の過程での新しい発見や思考にこそ意味があります。結論を一方的に与えない。他人の意見を聞くことで、考えを深める。初めから否定的に他人の発言を遮らずに辛抱強く聞く。他人への尊敬。意見を交わすことによって共同で探求することができる。河野は対話とは、「これまで関係のなかった人と関係をつくっていく、コミュニケーション能力」でありそれを育てるのが、シティズンシップ教育だとも言っています。

コールバーグもまた、対話による教育を重要視し、それがよきコミュニティの形成につながり、自発的な道徳観を育てることを強調しています。そしてよきコミュニティができれば、対話的教育の効果も上がるという相互作用がある、と言います。

荒木寿友『学校における対話とコミュニティの形成』(三省堂、二〇一三年)は、コールバーグ研究ですが、コールバーグの実践した授業の一端をみると、たとえば学校内で、財布を盗まれるという事件が起こったとき、当初、生徒はそのことを、本人の不注意とか、盗まれてしまったものは議論しても仕方がないとか、人間は誰もおカネがほしいから盗むとか、盗まれた金額は大したことがないからいいじゃないかとか、個人の問題として対話していました。しかし、「ちょっと油断すると盗まれるという社会はいい社会か」という問題提起が行われると、個人の話から、コミュニティの問題に対話が発展していきます。そして社会の貧困や社会の一員としての責任へと考えが及び、自分の考えの根拠を再検討することに思考が深まっていきます。

もちろん大学では、リベラルアーツ教育として、学問の中心を対話に置いているのは普通のことですが、しかし、日本の文部科学省の姿勢は、一方では「アクティブラーニング」などと言いながら、自主的な対話型教育を推奨するようには見えません。政治的見地から公教育にさまざまの干渉が行われています。教科書の中に普遍性のある真実が書かれることよりも、日本の国家としての見解を入れるように迫ったり、道徳教育を教科化して成績評価をし、子どもの内面の価値観にまで干渉しようとしています。選挙権が一八歳からに引き下げられることに対応して行われている高校での政治に関する授業内容に対して、自民党の文部科学部会からの介入もありました。

ただでさえ日本人の日常生活では、「人生や社会について考えても、自分の力では動かせない。今の自分の生活や仕事とは直接に関係がない。すぐに答えがでないことを考えても無駄。いそがしい」という感覚で、自然に「考えない人」になっていく大人が多いのです。

考えるということは、日常に起こる事柄を関連づけてみる、ということでもあります。たとえば、一〇〇〇円という自分にとっては安くない金額と、毎日買わなければならない食料品の価格、学費の高さと非正規でしか働けない卒業後の不安定生活というような、結びつけやすいもの、小さな断片との関連を考えることは、日常生活の中で無意識のうちに毎日行われていることでしょう。けれども日本銀行の金融政策と子どもたちの未来というような大きな関連については、日常生活の中ではなかなか考えられません。核物質を使い続けるエネルギーと核廃棄物の処理についても、他人任せになります。

そのようにして自分の生活を、小さな関係の世界の中に閉じ込めてしまうと、損か得かの目先のこと、簡単なことには敏感になりますが、自分の人生の意味を見いだす思考は衰えていきます。

日常の断片化したものをただ処理していくだけでは、自分の判断や行為の意味を考えることができなくなるからです。自分が狭い生活の中から外へ出ようとしなくとも、まわりの広い関連の中で自分もまた生きている現実がなくなるわけではありません。見ようとしなくても、時々、その現実が自分に迫ってきて、不安になりあわてて、その対応を間違います。

そういう大人ばかりでは、過去の歴史から学んで、二度と戦争をしないようにするには、どう生きるか、子どもたちの未来のために環境を大切にするには、どんな生き方を選択したらいいかというような、人間独特の思考能力が使われないままに葬り去られてしまいます。それらの考える力を呼び起こすものこそ、じつは、対話なのです。

現在の子どもたちの人間関係は複雑で、友だちに好かれるように、いじめの対象にならないように、仲間から排除されないように、ねたまれないように、自分が傷つかないための精神的な気疲れが大きいようです。そうなると、根本的な問題を友だちと話し合う動機が失われるでしょう。未来についての理想を語り合うことも、うっとうしくなるかもしれません。

そんな中で、対話的授業は、できる子／できない子、正解か／間違いか、常識にかなっているか／否か、という序列づけした視点とは違う、多様な立場での話し合いを自由に進めることができます。そういう、自由でのびのびした雰囲気は、子どもたちを開放的にするでしょう。

ふつう授業では、正解は決まっていることが多いのですが、対話的授業では、正誤という視点からでなく、いろいろな意見を聞くことから始めるので、子どもにとってはその自由な雰囲気が楽しいようです。友だちがそんな考えをしているとは思わなかったとか、友だちの意外な素顔が見られたと、他人の意見を肯定的に受け入れています。

多様性をありのままのこととして

正解が決まっているというほうが、本当は自然界ではおかしいのかもしれません。自然な本性に還ってみれば、人は多様性や、差異を当たり前のありのままのこととして受け入れ、楽しい発見として認めています。同じであったら、それぞれの人が存在している意味がありません。思いがけないことがあるから小説や映画は面白いし、そこから自分の生き方を考えたりするのです。ふつう、教室の中の授業では、枠から外れたことを言うと、トンチンカンな応答だと侮蔑的に見られます。

しかし、対話的授業では、相手の意見によって思考が触発され、同じ問題を違った角度から考えてみることができるので、ある意味で奇抜な意見も、肯定的に興味をもって受け取られるようです。面白い意見として受け取ることができるのは、対話が正誤とか勝ち負けという固定的な評価から解放されているからでしょう。

ゆとり教育を過ちだと批判し、ゆとり世代だと揶揄《やゆ》するような古い学力観を持つ人びとは、知識の量が多ければ多いほどよいという昔ながらの固定的視点に立ち、対話的教育は学力不足を招く、と考えるようです。対話的教育の面白さを知るのは子どもだけかもしれません。

しかし、民主主義社会では、昔のように、ある権威によって国民を統制することはもはや不可能に近いのです。先生だからといって、その権威が無条件に認められることはありません。保護者のほうでも、さまざまな人がさまざまな背景と自分史を担って生きています。その一人ひとりが、もっともだと納得するのは、あるいは納得のうえで妥協するのは、対話的な関係の中でしかあり得ないのではないでしょうか。

多様性が主張されると、個人がバラバラになりコミュニティ意識がなくなると心配して、家族共同体意識、愛郷心、愛国心教育を持ちだす人がいますが、多様性そのものが問題を引き起こしているのではありません。対話のない生活、社会の中で差別が横行し、コミュニティから疎外され、人びとが関係性を失って、暴力的な解決に出たり、その反対に思考停止の無関心が当たり前になっていくことが問題なのです。

一九八〇年代後半から強く意識されるようになった個人化社会は、その反面で対話を求めている社会です。

多様な人びとの、自由な対話を通して、人びとは上から命令されたり操作されたりするのではない、自発的な判断力を持つようになるでしょう。市民個人に対するさまざまな形のプロパカンダに対しても、強制力に対しても、対話する個人は、抵抗できる思慮深さを持つことができるでしょう。強制される愛国心でなく、人間としての共通性にめざめるでしょう。

個人が巻き込まれやすい、煽動的で、ワンフレーズの宣伝も、対話の中で話し合われることによって、落ち着いていろいろな視点から考えることができるからです。

対話するドイツの市民たち

つくるかつくらないかの計画段階から、住民と話し合っているのが、たとえば、拙著『社会人の生き方』で取り上げた、ドイツの市民討議会（プラーヌンクスツェレ）です。

ドイツの核廃棄物の処分地をめぐるゴアレーベンの対話・討論会は、市民・農民・技術者・社会科学の専門家・行政のそれぞれ賛否両論の立場の人、および中間の人も交えた公平なメンバー構成で、くり返し一〇〇〇回を超える対話と討議が行われました。その歴史を見るとき、一九七〇年代から今日まで続けられてきた絶えざる対話の努力に、目がくらむような尊敬の念を感じます。

ドイツの反原発運動についてはここで詳細を書く紙幅がありませんが、次のことだけは述べておきたいと思います。

激しい反原発の市民運動に対して、ドイツ連邦政府は、警察官による鎮圧行動(まったくないわけではありませんが)で抑え込むよりも、市民との対話路線を選びました。

二〇一一年三月の福島の原発事故が伝わると、ドイツ全国で二五万人の反原発デモが起こり、メルケル首相が原発廃止を約束したことはよく知られています。

フランスのラ・アーグ核燃料再処理工場から運ばれてくる核物質の搬入を妨害して、市民が体を張って道路をふさいだとか、三五〇～五〇〇台のトラクターデモが連邦政府に押し寄せたとか、原発施設予定地を住民が占拠したとか、反原発市民運動の真剣さは、日本では想像できないほどです。

一九七〇年代に、使用済核燃料の中間貯蔵・再処理を行う候補地となったニーダーザクセン州のゴアレーベンでは、当然ながら大きな反対運動が起こり、二〇一六年の今日まで絶えることなく続いています。大きな集会だけでも一〇〇〇回を超えたといわれます。日曜日ごとに森に集まって反核を祈るゾンタークスゲベーテンなどの、あちこちで行われる小さな集会は回数に入っていません(Bürgerinitiative Umweltschutz Lüchow-Dannenberg e.V.)。ここでも一〇万人規模の反原発集会が開かれ、九万人の個人が異議申し立てをし、司法への提訴も続きました。中間貯蔵施設の予定地を占拠した市民は、排除されても再占拠し、占拠地では「市民科学」と命名された市民大学講座が開かれました。自治体、市民、政治家、学者、学生、ワイン農家、弁護士、商業者たちがいっしょになって反対デモや集会に参加しました。

一九七五年にヴィール原発建設に反対する住民の運動が起こったとき、連邦政府の研究科学大臣は「原子力に関する決定は、徹底した情報提供と、市民の広範な参加なしには正統性を持つことはできない」と言い、三年以上にわたって「原子力市民対話」(Bürger-Dialog)を続けました。原子力市民対話は一二回の討論会と、個別的な問題についての二五回ほどのセミナーを行いましたが、原子力に関する情報提供と、政府の立場の周知徹底、一般市民向けの教養講座や、教会、労組、政党等の団体の意見を聞くことを目的としたものでした。そしてどの集会でも、推進／反対両方の観点が提示され、議論は記録されて冊子にまとめられました。

また、七八年、ゴアレーベンの総合処理センター計画に対する評価を、政府はゴアレーベン国際評価会議に委託しましたが、その際、中立を守るために、オーストリアの物理学者ヘルムート・ヒルシュをコーディネーターに任命しました。専門家パネルには反対派、中間派、推進派がほぼ同数になるように任命されています。

高速増殖炉ＳＮＲ３００の専門家会議が開かれたときも、市民の反対派、連邦の研究技術省の推薦する専門家、与党と野党の議員が、公平に選ばれました。連邦議会の「将来の原子力政策」特別調査委員会の構成も、連邦議会のすべての常任委員会の委員が参加し、各会派、各州のバランスを公正にし、外部から入る専門家については、推進／反対両派の専門家を、与野党全会派がつくった共同推薦名簿で一括承認する、という手続きをとっています。

議長のラインハルド・ユーバーホルスト議員は、以前は、コミュニティにおける対話法を開発したコンサルタント会社のコンサルタントでした。専門家委員には、既成の研究機関の科学者と並んで、社会運動出身の反対派も招聘されました。多数派が影響力を強く持つ報告書は、結論が分かっているとして、少数派が初めから意欲を失うので、報告書には、二者択一の決論を示さず、四つの実現可能な選択肢が示されました。

反対派市民も、それらの委員会や対話に積極的に参加し、独自の反原発資料館をつくったり、記録を保存するなど、市民が自己決定権を発揮しやすいように継続的な力を蓄積しています。

（政治的政策の流れとしては、本田宏「原子力をめぐるドイツの政治過程と政策対話」北海道大学大学院『経済学研究』二〇一四年一月号、澤井正子「ドイツの高レベル放射性廃棄物対策」『原子力資料情報室通信』四九八号参照）。

［希望の実例・1］
白鳥先生の挑戦

今、多くの日本の学校現場で外からの圧力と多忙さで、諦めにも似た閉塞感に陥っている先生が少なくない中で、それでも行政による管理の言葉ではなく、教育者の言葉で語ろうとする先生たちがいます。

教育に強制はなじまないと考える先生たちは、生徒を管理する規則に縛られるのでなく、まず生徒にとって、何が最善であるかを考えようとします。教師自身が自分で考え抜いて、それぞれの生徒にふさわしい対応をとっています。

白鳥勲先生は、生徒一人ひとりとの対話をくり返すことによって、生徒との信頼を築き、それが土台になって、「問題校」が、自然に変わっていった例を経験しました。はじめから学校を変えたいと意図したのでなく、おのずとそうなったというのです。

私がこの先生に会ってみたいと思ったのは、ある地方紙でその存在を知ったからでした。これまで述べてきたように、私は、人間の間の理解も共感も、すべては対話に始まり、コミュニケーションの中で成長すると思っています。ですから対話を大切にすることによって中途退学者や引きこもりの生徒を大きく減らし、問題を起こす生徒との関係を自然に——意図的に成果をあげようというのでなく——いい方向へ開いていったその先生の具体的な教育のあり方を知りたいと思ったのです。

白鳥先生は、埼玉県の鋳物工業の町、川口市で生まれ育ちました。父親は鋳物工場で働いていて、当時は町工場の労働衛生状態が悪かったことから、軽い塵肺《じんぱい》や腰痛に悩まされて、工場を休んだり、働いたりしていました。母親は結核で入院生活が続いたため、先生はお兄さんといっしょにかわるがわる毎日の食事づくりをしていたそうです。しかし両親とも子どもの話をよく聞いてくれて、対話のある日常だったと言います。地元の小・中学校時代には、乱暴な子や勉強をしない子、成績は悪くてもやさしい子、宿題などしたことがない友だちがたくさんいて、いつもそういう子どもたちに囲まれて育ったのだそうです。

お兄さんは中学を出てすぐに大工の仕事につきましたが、白鳥先生は工業高校の生徒だったとき、大学に行きたいと思うようになり、一年浪人して当時の東京教育大学の理学部に入学しました。卒業して県立高校の物理の先生になりますが、最初の高校はいわゆる「問題校」で、中途退学や不登校、問題を起こす生徒が多い学校でした。

その中で、先生が自分にできることとして考えたのが、一人ひとりの生徒と毎日、対話することでした。

毎日、一人ずつ生徒を呼んで、一日に二人の生徒と対話をします。そうすると約一か月で一巡して四〇人学級の生徒全員と対話することができます。それをまた何度もくり返し、一年間、対話が続きます。生徒のほうも、自分の順番がいつになるかを予定しており、対話を忌避する生徒は一人もいませんでした。この対話はある場合には親との対話にもなるのですが、その生徒の家庭を訪問すると、散らかしっぱなしで座るところもない、という家庭もありました。けれども、親といっしょに生徒の将来を考えなくてはならないこともあるので、教師の仕事だと思って続けたそうです。

高校卒業後は就職をする子がほとんどなので、親もいっしょになって、就職先がしっかりしたところか、生徒本人の希望に添っているか、生徒の将来に有益な働き方ができるか、ブラック企業のようなところではないかなど、求人票を見ながら、ていねいに話し合う必要がありました。

対話をするときは、何かあったの？というように、自然にすっと話題に入り、決して先回りをしないこと。叱ったりせず、また、〇〇のために、とか、意図的にある結果にもっていこうとしないこと。上下関係で話すのでなく、あくまでも生徒の人格に対する尊敬の念を忘れず、聞き役に徹すること。ある場合には、生徒のほうから、おカネを貸して、と言われることもあり、受け入れて貸すようなこともしたのだそうです。生徒によっては、大人に頼ったこともなく、頼り方も甘え方も分からず、心を開かない子もいるので、まずそういうときは教師のほうから先に心を開いて話し合うようにしたということでした。

生徒は敏感で、一人の人間として対応されていることが分かると、自然に態度が変わり、信頼して誠実になり、時に甘えを出すようになります。生徒によっては大人に寄り添ってもらって、一人前に対応してもらった経験のない子もいるので、対話をするうちに変化していくのが先生のほうにも分かるそうです。対話をしたからといって何かすぐにいい結果が出るわけではないけれども、退学するかしないかというような分かれ目のときに、それがはっきり出るのだそうです。

「退学者が教職員の努力で減るということは、生徒自身が自分を大切に思うようになるからです。そのように思うようになるのは、まわりの大人が自分を大切に「敬意」をもって接してくれるからです。自分自身を大切に思うということは、行動としては荒れる行為が少なくなり、何より「勉強」に取り組みます。生徒が自分の態度の変化を自分で評価するときの基準は「勉強をやるようになった」と「キレなくなった」ということです」と白鳥先生は言いました。

たとえば、修学旅行に行くとか、学校行事があるときに問題なくそれをやり遂げることができると、その土台には対話による信頼があることが分かり、よかったなあと思うことがあった、とも先生は言いました。もし信頼がなければ、そのたびに何か問題が起こったでしょうから。

そのほかに先生がしたことは、物理の授業のときに生徒一人ひとりにノートを渡し、課題も与えて、それぞれの考えや調べたことを書いて提出してもらうことでした。答えが正解かどうかではなく、答えは中途のものでもいいし、自分の頭で考えてみたことでも、授業の感想でもいい。それに対して先生は一人ひとりに回答を書いて返す。生徒が何を考えているか分かるので、忙しくもあるが楽しみでもあった、と先生はなつかしそうに話してくれました。

「そういうことを続けていくうちに、なんとなく問題を起こす生徒も少なくなり、中途退学者も減ったのです。

その一方で一九九〇年代から、親の貧困化が進んでいるのを実感するようになりました。授業料の支払いが滞ったり、生徒がアルバイトで得たおカネを家計につぎ込んでいたり、学校の帰りにそのままアルバイト先に行き、夜まで働いて自分の学費を稼いだり、そういう健気な生徒を見ると、教師である私のほうが励まされたり、しっかりしなければと恥ずかしく思ったりもしました。

経済的な理由で高校を続けることができなくなったり、子どもに高校を卒業する意志がなかったりして、親と面談し、退学届にサインしてもらうことがありました。昔はそういう場合、親は何とか高校を卒業させようとして必死にサインを拒んだものです。でも今は、枯れ葉がさらさらと落ちていくように、何の抵抗もなく、対抗するエネルギーもないかのように退学届にサインをする親が多いのです。それだけ追いつめられているのだと思うと、つらい気持ちになります。

僕は、何十人も退学する、いわゆる「問題校」にもいたし、受験校にもいました。経済的に困難な家庭の子どもにも問題があるけれど、では経済的に裕福な子どもには問題がないかというと、そうではありません。そういう子どもはいわゆるいい大学、いい就職先という社会の一般コースから落ちこぼれないようにと必死です。もし、ついていけなくなったときは、どうしていいか分からない不安を抱えています。親もそのほかの生き方は考えることができないからです。それでうつ病になったり、引きこもりになったりもします。親子ともに、競争教育からはみ出さないように、大変な思いをしているのです。

そういう生徒たちに寄り添って対話を続けていると、深みにはまって、かえって生徒たちにとってもいい結果ではない、と忠告されることがあります。だけど、僕はそうは思っていません。

たしかに生徒とは距離を置いて、ほどほどにし、大人を頼らないように、自立して自分で問題を処理させたほうがいいと考えている教師もいます。いつまでも相手になって頼られることにも、もちろんマイナスはある。でも、僕は大変でも逃げる大人にはなりたくない。知らんふりをして、自分も傷つかないようにしていることが生徒に与えるマイナスよりも、深みにはまるマイナスのほうが小さい、ということが断言できるからです。

僕自身、生徒や親から裏切られることもあったし、生徒の話を聞いていても、「それはつらいね」とか、「先生も考えてみるから」としか言えないことが多いです。しかし同じ裏切られるにしても、もしはじめから距離を置いていたら、そういう経験も積めないわけだから、やっぱり経験をして、成長する人生のほうがいいと思っています」

白鳥先生は退職していて、生活保護受給世帯や、就学援助を受けている中学生のための無料の学習教室を埼玉県から受託しています。今は高校卒が一般的になっている社会だから高校に合格するための基礎学力をつける勉強です。

「高校まではみんな行ったほうがいいと思うから。英語と数学を習う子どもが多いですが、そのほかにも生物とか、社会とかを習いたい子もいます。子どもに合わせてボランティアの先生も選ばれているので、子どもも真剣に勉強しています。大人がつききりで自分のために教えてくれるという経験を持ったことのない子どもたちだから、大人から守られ、期待されていると分かると砂地に水が吸い込まれるように、勉強するのです」

一対一の対話的学習教室を見学してみました。一対一で子どもたちは教えてもらっています。子どもの数と先生の数は同じです。「ここでは分からないことは分からないと言っていいんだよ」と言われているので、子どもの表情は安心感で和やかです。おしゃべりしたり、席を立ったりする子はいません。

親切な先生から丁寧に、分からないところを、分かる言葉でゆっくりと教えてもらい、二時間の学習時間のあとには、すっかり問題を解くことができていました。

その学習教室は、教えているのは中学校を定年退職した先生であったり、私企業の塾で教えることから生きがいのあるこの教室に転職してきた人であったり、大学生であったりして、営利としての塾とはまったく違った、やさしく温かく、しかも、ある理想を持った雰囲気がありました。

ボランティアとして教えている大学生が、自分のカバンの中に、フレイレの本を入れているのが見えたので、その大学生に「この本は面白いですか?」と聞いてみると、「ええ、僕は教育社会学の専攻で、この本は大学の先生から勧められて読んでいます。日本では、教育で子どもを抑圧していますが、ブラジルの教育学者、パウロ・フレイレは教育こそは人びとを抑圧から解放すると言っています。ここに来て子どもたちに勉強を教えていると、フレイレの言っている意味がよくわかります」と、うれしそうに答えました。パウロ・フレイレ（一九二一～九七年）は、教師が語り、生徒がおとなしく聞く、という伝達式教育を批判し、その克服は教師と生徒が対等で双方向の対話をする教育によると言いました。希望を失った者は沈黙するが、対話する人は希望を失わず、現状を変えることができるとも言っています。

子どもたちは大人から見守られ、信頼されていると感じると、自己肯定感を持ち、希望を持つようになるとのことでしたが、それは、見学者の私にも、強く感じられました。対話の力に希望を感じた実例でした。こういう小さな試みが無数にあって、社会の壁に穴をあけ、やがて変わらないと思われているこの社会を変えていくのだと思いました。

自立した個人主義社会では、誰もが自分の能力を発揮する場を求め、認められたいという潜在的欲求を当然のこととして持っています。表面的には、つつましく遠慮がちにふるまう人も無料教室で学ぶ子も、内心では、自分のアイデンティティを発揮できる場と生きがいを求めています。私がしみじみと悟ったことでした。

［希望の実例・2］

行政と住民との対話でつくられた道路

まちづくりの主人公は誰か

明治以来、戦争の連続だった中央集権国家・日本では、そこに住む住民が、自分たちの住むまちづくりの主人公になることはありませんでした。

地方分権一括法が制定されてもなお、沖縄の軍事基地の辺野古移転問題にみられるように、まちづくりに住民の主権が認められているわけではありません。沖縄県・高江のヘリパッドや辺野古の基地建設にいたっては、今なお〝銃剣とブルドーザー〟で、政府決定が一方的に強制されつつある状況です。

とくに住民は一切口出しできない、と思わされているのが、道路建設です。

私の住む地域でも、道路計画によって大きな犠牲を強いられる沿道住民に対して、計画段階から話し合いの場が設けられることは、これまで一度もありませんでした。すべての計画が決まってしまってから、説明会が一方的、形式的に行われるだけです。行政と住民の双方が知恵を出し合って対等に話し合いでつくっていく本来の対話ではありません。

つまり地方自治の権利とは、役所にとっての権利であって、住民にとっての自治権ではないのです。行政は自分たちが独断で決めてかまわないのだと確信しているから、専制政治という暴力をふるいます。あるいは一部の政治家や利益団体との裏取引があるのかもしれません。

住民の代表である議会でさえ、チェック機能が働かず、行政と与党が癒着し、行政が決めたことに形だけの質問をして追認します。少数野党は努力しても、多数決のもとでは無力です。行政内部での計画が決まってから形だけの説明会に出席しても、住民の意見は形式的に聞かれるだけ。当該計画によって大きな犠牲を強いられる住民が、どんなに具体的で正当な理由をあげて修正を求めても、計画を変えることはまずありません。

そんな自治体行政の中で、ある段階からではありますが、形式的な説明会ではなく、住民と対話を重ねる中で、双方の知恵の結晶として、環境と生活に配慮した道路づくりができた実例があります。対話の力が、長年にわたる従来の力関係を変え、社会を変えることを教えてくれた足元の「事件」でした。自治体と住民が丁寧に、納得するまで話し合う中で、生活の利便性と、環境の保全を両立させたまちづくりができたのです。しかもこの対話的協議の中で、行政も住民も、考え方と行動に大きな成長を経験しました。

対話による合意とは、賛成・反対を足して二で割る、いわゆるガラガラポンの政治的決着のことではありません。対話する双方から出された意見が、何度も往復するうちに、双方の間に生まれる新しいアイディアのことです。それは対話の中で生まれた新しい命なのです。

住民の合意と協力によってつくられた、調布保谷線道路拡幅工事の実例は、あまり知られていないようです。機能性と自然環境を両立させ、都と住民の双方の意識に大きな変化をもたらしたこの美しい道路は、利害の錯綜する社会的インフラであっても、対話による合意が可能であり、よりよいコミュニティ社会をつくることができるという実例を残してくれました。

民主主義社会とは対話の価値が発揮される社会です。そのときの対話が、どのようにして行われたか、そのいきさつを知ることは、私たちの共有財産になるでしょう。

対話が生み出した〝新しい子ども〟

この道路は、二〇〇九年に全日本建設技術協会の賞を受賞しています。さらに二〇一〇年にはもっとも権威があるといわれる全国街路事業コンクールで国土交通大臣賞を受賞しています。

住民は、住民参加という市民的価値を評価してくれた新聞の見出し「住民と作った道路が最優秀」(『都政新報』二〇一〇年七月一三日)や「住民の理想　道開く」(『日本経済新聞』二〇〇九年四月一七日)を誇りにし、喜びとしていました。

その記念碑が、東京都によって神代植物公園前に建てられています。その碑には次の言葉が刻まれています。

この道路は、地域の皆様と東京都、調布市並びに三鷹市との協働により発足した協議会を通じて、地域の特性に合った住民参加型の道づくりに取り組み整備が進められて参りました

長年に渡り《ママ》意見交換を重ねた結果、多くの方々のご協力のもと平成21年3月には約2キロ区間が完成しました

さらに工事の完成後も維持管理に参加していただくなど地域の皆様に親しまれる道路となっています

調布保谷線の整備にあたり、今日まで関係された全ての皆様に感謝申し上げますとともに、これからもこの道路は、地域の皆様と歩みつづけて参ります

一般に、道路は初めから行政の独断専行で決められるものと信じている自治体は、どのようにして住民と対話するかという設問さえ持っていないのがふつうです。ましてや、具体的な対

話の運営の仕方、どのように多様な意見を整理し決定していくかという方法を知っている行政担当者は、ほとんどみつかりません。また、地方公務員の労働組合は、自治体労働者でありながら市民との対話によって、公務労働の質を高めるという発想が稀薄で、その方法も、対話がもたらす恩恵にも気づかず、閉鎖的な活動をしているところが多いです。

そういう日本社会の閉鎖性、封建制を打破して、住民と行政の対話のうちにつくられたのが、通称「武蔵境通り」といわれる、調布都市計画道路3・2・6号調布保谷線でした。

美しい道路です。歩いてみると、昔暮らしたドイツの都市を歩いているような気がしてきます。

道路拡幅のため地権者から東京都が取得した土地は、本来なら更地であるべきだったのでしょうが、住民の要望で、昔からの屋敷林の樹をなるべく保存することになりました。その結果、屋敷林にあったクスノキ、ケヤキ、アカマツ、シラカシ、モミジ、サクラなどの大木はそのまま残され、歩道に枝を張って、緑の深い神代植物公園につながる環境にふさわしい、ゆったりとした自然の雰囲気をつくり出しています。真夏の午後二時三〇分の木陰の路面温度は、アスファルトの車道の六〇度に比べて、一九度も低いのです。それだけではありません。二酸化炭素の削減、騒音の遮音など、自然がもたらす恵みが、生活や健康の質を高めています(「「武蔵境通り」住民参加による提案型みちづくり」)。

住民との対話によってもたらされた最大の功績は、車道と歩道の間につくられる予定であった人工的な遮音壁を撤廃したことだったと、住民も、東京都も声をそろえて言います。

東京都の当初の計画に従えば、二車線が四車線になると、それだけ騒音も排気ガスも埃も増大するので、それを防ぐために、高速道路でよく見かける遮音壁が、歩道と車道の間に設置されることになっていました。

けれども騒音対策として高さ二メートルの遮音壁が設置されたら、視野が遮られて、景観上も大きなマイナスになり、歩道を通行する人も心理的な圧迫感を受けます。歩道から車道はもちろん、対向する歩道を歩いている人も見えなくなりますから、犯罪の温床になるおそれもあります。災害時の避難の困難や、地域の分断なども心配されました。そこで住民の多くや市長から遮音壁をつくることに反対の意見が強く出されたのです。それだけでなく、遮音壁は、バス停や、交差する道路や、道路に面した住宅の門の前をあけて設置しなければならないので、壁があちこちで途切れてしまい、遮音効果もおそらくないだろうと思われました。百害あって一利なしの無用の長物になることが想像されました。

住民は、東京都との協議会の中で、遮音壁の撤廃を求め、都もその要望を受け入れる姿勢を示しました。

ただしその要望を実現することにはかなりの困難があったのです。なぜなら、この道路は、東京都の環境影響評価(環境アセスメント)条例の対象路線であり、当時の騒音対策の技術としては、舗装技術(低騒音舗装)と遮音壁の組み合わせで何とか環境基準を守ることができる、というものでした。それが当時の技術の限界だったのです。

東京都は、検討と工夫を重ね、次世代の舗装技術とされていた二層式騒音舗装を採用することで何とか環境基準を達成できる見通しを得ました。その結果、環境影響評価条例に基づく騒音対策の変更が行われ、住民の切なる要望であった遮音壁なしの道路整備ができたのでした。

この事実はのちの東京都の道路設計にも大きな変化をもたらしました。その後、東京都がつくる道路から、遮音壁がなくなるという画期的な流れができたのです。

それは行政と住民との対話が生み出した、〝新しい子ども(アイディア)〟でした。緑豊かなバリアフリーの道路や、所々に置かれたベンチに老人が立ちあがりやすいように手すりが付いていることや、自転車道と歩道が明確に色分けされて十分な幅を持たせてあるため、人と自転車が衝突する危険もなく、高齢者や幼稚園児や、犬を連れた家族が楽しそうに散歩している姿に心が癒されます。散歩だけではないでしょう。毎日の通勤の行き帰りや、お店に買い物に行く人や、道路に面した職場の人は、金銭に替えられない町の美観と安全を享受しているのです。

私の住居の近くにも同じように拡幅された道路があるのですが、住民参加によってつくられた美しい調布保谷線二・二キロの道路に比べると、車のためにのみ拡幅した道路だということがあらわに感じられます。緑を増やして、周辺の住民の生活や環境の質を上げ、子どもや高齢者にやさしいコミュニティを作ろうという意思は感じられません。勢いを増してびゅんびゅん走る車の数と速度だけが際立っています。こちら側の歩道から、向こう側の歩道に渡るのも大変です。今は、車中心の道路から人間中心の道路に変わったといわれていますが、拡幅された道路を、どのように使いやすく、安全な道路にするか、しかも落ち着いた緑のある環境を破壊せずに、利便性とどのように両立させた町並みにするか、ということは、そこに住んでいる住民が道路づくりに参加し、知恵を出し合うことなしに、行政の力だけでは実現できないのだと思います。

誰のための道路か

今回本書を執筆するにあたって、この道路づくりの経緯を現地に足を運んで再調査し、参加した人たちに直接お話を聞いてみました。

暉峻　民主主義社会だとは言っても、とくに道路づくりに関しては、日本の社会は市民の入りこむ余地のない、政治と行政の専断領域でした。つくる、と言われたら、それがどんなに迷惑で合理性のないものであっても、暴力的につくられてしまうのがふつうでした。それなのに、こういう道路づくりができたのには、驚きです。住民主権の新しい扉がひとつ開かれた感じです。

住民　これまでの道路計画は、道路に面した沿道住民の意見も聞かないし、近隣の市民生活に与える影響も視野にない。公益のために我慢しろ、という道路づくりでした。何が公益か、ということさえ議論されずに、ただそう言って黙らされてきたのです。

もともとこの道路を拡幅して広い道路にしてください、という住民からの要求があったわけではないのです。道路をつくるのが建設局の自己目的になってしまっている。

道路拡幅は車を呼び寄せます。騒音、振動、排気ガス、渋滞、歩行者の横断の危険、道路による地域分断など地域住民の生活は激変するのに、そんなことには、まったくお構いなしに今日まで来たのですね。一体誰のための道路か、誰の税金を使っているのか、と言いたいです。

暉峻　でも、この道路は、住民との対話と協議を重ねてつくられた、成功例とされているのでしょう？

住民　そうなんです。でもそれは拡幅することがすでに決まってからの協議なんですよ。どんなに反対しても無駄だという前提があったんです。道路拡幅はないほうがよかった。これまで二車線だった道路が、突然、四車線になるんですからね。

住民に相談する気があるなら、計画段階から相談するのでなくては意味がないし、話し合う効果もない。すでに拡幅が決まってから、ごく部分的なことを相談しましょう、と言われてもね……。

でもその一部分の相談であっても、市民が積極的に意見を出したことで、ないよりはずっといい道ができたと思います。行政は、もっと住民を信頼して、計画段階から市民との対話をするべきなんです。できないことはできないと、理由をはっきりと説明してくれれば、その理由に合理的な根拠がある限りは、市民もちゃんと納得します。今回も市民の要望は実現できなかったこともあるけれど、最大限に努力しての結果であれば、それはそれで了解しましたから。

住民の中には反対しても無駄ですよ、最終的には強制的な土地収用法があるんですからと、はじめから諦めている人もいましたが、賛成か反対かという二分法でなく、また地域住民も分裂して対立するのでなく、住民と行政が話し合える土俵をつくろうという選択をしたのです。

住民たちは徹底反対派ともさんざん議論した結果、どうせつくられるんだったら、自分たちにとって使い勝手のいい、緑の環境に配慮した、住民のための道にしたほうがいい、という結論に到達したのだそうです。

そのためには道路行政にくわしい知識があり、経験を積んだ住民が、ほかの道路のことを調べたり、地元の市議会議員が、政治や行政の経験から予見できることを冷静に知らせてくれたことが、よりよい現実的な選択肢を考える参考になったとのことでした。

一九九五年九月に武蔵境通りの幅員を一八メートルから三六メートルに変更するという、地域住民に対する説明会がありました。寝耳に水の計画で、まったく知らされていなかった住民は、もちろん反対しました。地域住民の多くにとっては拡幅の必要なんかなかったからです。それで、すぐさま三万筆超の反対署名を集め、一九九七年二月、その署名を東京都に提出しました。そして東京都建設局と住民との話し合いが始まったのです。

国交省による事業認可が一九九九年におり、既定路線として、それ以降、土地の買収が行われていきます。

三万筆を超える署名が集まった背景には、この地域の生活に根ざした住民運動の歴史がありました。深大寺や神代植物公園の緑深い環境に続く閑静なこの住宅街には、それまでも、環境を守ることに熱心な住民たちがいたのです。

そのことについては筆者である私も浅からぬ縁がありました。今、毎年六月の第一日曜日に、ボランティアによって全国一斉に行われている川の水の水質調査は、水辺の自然環境を愛する市民の自発的な活動ですが、その起源は一九七〇年代に、この地域の野川にあることを私も知っていました。その経過を調べてみると、生活を便利にすることが環境を汚すことであってはならない、ということに気づいた主婦たちの発想と行動が始まりだったのです。

生活排水に泡立つ汚濁した水面を見て、川の汚れは環境の汚れの反映だと感じた主婦たちが、食器洗いや洗濯のための合成洗剤を石鹼に替えたり、川底に木炭を敷いたりもしました。八九年には、その科学的な根拠を求めて、主婦たちは東京農工大学の小倉紀雄研究室を訪ねました。そして小倉教授の助力によって、水質を測定する、分かりやすい統一的な調査マニュアルが作られ、水質調査するためのキットも作られました。そのキットで六月の第一日曜日に各地の川の調査を行い、その結果を比較する、全国的な水質調査のネットワークができたのです。筆者の私も、「身近な水環境の水質全国一斉調査」に参加したことがあります。そのとき、長靴をはいて、静かに川の中を歩いてみると、川は生きている、と実感しました。川の生物といっしょに地球市民の私たちも生きているのだと。川の中のアシの茂みには、野生のカモの卵がひっそりと孵化《ふか》を待っていました（拙著『社会人の生き方』を参照）。

その発祥の地である野川と道路問題で再会するなんて、なんだか不思議な気持ちでした。でも考えてみると不思議ではないのです。キーワードは同じ「環境」なのですから。住民が残した運動の成果は、忘れられたようでも脈々と流れる地下水のように、こうして形を変えて受け継がれていくのだと思います。住民運動は社会の共有財産だと思います。

その他にも住環境を守るための建築物の高さ制限や、緑を守る市民の活動などが、この町にはいくつもありました。市民運動の経験を持つ住民は東京都の道路拡幅計画の説明会の後、すぐに「武蔵境通りを考える会」を結成して、先に述べたように三万筆の反対署名を集め、計画見直しを求める東京都への陳情を始めました。そのときから勘定すると、約一五年かかって、行政と住民とで対話を積み重ねた結果、この道路はできたことになります。

国土交通省道路局の課長と関越高速道高架下に建物を建てる危険性について話し合ったことがありますが、その折、道路から受ける住民生活の被害について、もっと生活環境への配慮をしてほしいと述べたら、「道路局というのは道路の交通状況がスムーズにいっているかとか、道路の破損などの安全を考えるのが仕事で、住民の生活の質とか福祉とかへの影響を考えることは、専門外で慣れていないんですよ。私たちは道路屋ですからね」と言われました。納税者である私たちの生活やコミュニティのことは顧慮されていないんだと知りました。でも、それがいま、市民の対話の力によって変えられようとしているとは、なんと画期的なことでしょう。

急がば回れ

この武蔵境通りの担当であった北多摩南部建設事務所長は、もう待ったなしの状況だと判断して、地元の市とも話し合った結果、一部の住民との間だけでなく、沿道住民を含めた地域の全住民を対象にした意見交換の場をつくることを決心した、ということでした。しかもその対話を、説明会のような一方的なものでなく、ワークショップ方式でやろうと企画したのです。

でも、当時の行政にはワークショップに馴れた職員が少なかったため、都市計画・設計の仕事をしている事務所から、東京都と住民の間に立って、中立の立場で話し合いを進めていく技術と経験をもったコーディネーター（ファシリテーター）の伊藤雅春さん（六二歳）に来てもらうことにしたとのことでした。

こういう例は、ヨーロッパでは珍しくありません。お互いが、それぞれの立場をよく理解し合えないために、無用の紛争を長引かせることがないように、自治体や、国や企業が、中立で信頼の高いファシリテーターを任命したり、学者に協議を委託したりします(前述の原発問題におけるドイツの例など)。

暉峻 行政担当者がこのような考えを持つのは日本ではまだ珍しいことです。どうして都は、そこまで踏み切ったのでしょう?

ファシリテーター(伊藤) 当時、北多摩南部建設事務所に、都道府県レベルでは珍しく、住民参加のまちづくりに関心を持ち、現実のプロジェクトを実現していけるだけの力量を持った管理職の行政職員がいたことが幸いしたと思います。

これからは名実ともに民主的なまちづくりをしていかなければ、従来のように、商工会とか、町会とか、一部の団体と話し合うだけでは隘路にはまって、いよいよ問題を紛糾させることになることが予想されました。

緑が少なくなり環境が悪化するのを恐れ、道路計画に反対する一部の住民は、沿道住民に対してアンケート調査をして、行政に拡幅計画の中止を何度も申し入れていました。他方、行政は反対派住民に警戒心を募らせていながら、しかし行政の側から住民との話し合いの場を持つ機会をつくろうとはしませんでした。信頼関係を醸成するようなコミュニケーションの回路がつくられていなかったのです。

拡幅計画に対する事業認可がおりてから二年の間に取得した土地は、必要な土地の三四%でした。二〇〇二年の四月時点で五四%です。反対の市民運動が活発になれば、将来の見通しがいよいよ難しくなります。

住民がコミュニティ意識を持ち、自分たちのまちを愛して、将来にわたってまちづくりに参加し、自分たちのコミュニティを育てていくためには、まず、そのまちの住民の主権を尊重したまちづくりをする必要があります。それは民主主義のイロハです。まちづくりに経験と知識を持つ専門家にとっては、それは国際的には当たり前のことで、日本でもまちづくりに関心を持つ、道路行政の専門家は日本の周回遅れの都市計画・道路行政を批判しています（内藤茂雄「「人間重視の道路創造」に向けて――国交省研究会の議論概略」『IATSS Review』一四一号）。

暉峻　ふつう、行政担当者は行政を批判する市民を好まず、反対派住民を嫌い、疑いの目を持って対応しがちですね。反対する人びとは、自分たちのコミュニティに積極的な関心を持ち、自治に対する見識もあり、地域の未来に責任を持とうとしている、民主主義社会の核になる市民なのです。逆に、無関心でいながら、労せずして利益だけを求める市民もいますが、そういう市民とは違います。それなのに良識ある参加型市民を育成して、協力しながらコミュニティを作っていこうとする発想が、行政にはない。

市民も好きで反対しているわけではないのです。反対するためには、市民も私生活を犠牲にして、時間もエネルギーも、陳情する交通費や、市民に配る情報のビラなどの経費も自己負担しながらの行動です。

それでも社会のために、将来のために、という市民としての責任感で、あえて反対運動をしている人びとがほとんどです。

しかし、行政のほうでは、そういう市民運動を社会の宝とは見ないで、反対派の市民には情報を出ししぶったり、その場限りのウソを言ったり、回答を引きのばしたり、冷ややかな態度をとったりして、どうせ、役所のすることに反対しても無駄だよ、と言わんばかりの態度をとる、そういう遅れた役所がまだ多いようです。私の住んでいる地域で、ワークショップ方式の協議会なんて、とても望めません。でもいつか、そういう地域社会をつくりだしたいです。

東京都職員　じつは、住民と対話しながら事業を進めていこうとすることには、行政の立場からも、いろいろな不安や悩みがありました。

東京都の道づくりとしては、住民との間でワークショップ方式の協議会を持ち、協議による道づくりをすることは初めての試みであったのです。そのため、参考にする事例もなく、どのように進めていけばいいのか、協議会の仕組みも、運営方法も、何からに何まで初めて経験する手探りでの出発でした。

（1）制限なく不特定の市民と対話する協議会への参加を呼びかけた場合、どれだけの人が来るのか、どういう人が来るのか。会場の設定一つ考えても、参加したい人が大勢来て、入りきれなかったらどうするか。

（2）参加者の中には批判的な意見の人もいるから、反対派住民が協議会をのっとってしまうのではないか。

（3）多様な意見が住民から出たとき、それをどうやって整理し、まとめるのか。

（4）環境保全派と、利便派の相反する意見を両立させることができるだろうか。

（5）最終的に決定するときに、みんなの意見が実現するとは限らない。その時にどうやって最終決定をするのか。

というような、さまざまな不安がありました。

住民　住民の側にも不安があったのです。住民との協議会を隠れ蓑にして、協議会で住民の合意を得た、ということを口実にし、結局、行政のほしいままに事業を強行するのではないか。協議会は結局ガス抜きにすぎないのではないか。行政に利用されるだけではないか。あるいは行政の宣伝に使われるだけではないか。住民が意見を述べても、なにも反映されないのではないか。現に、説明会ではほとんどの住民が反対を述べたにもかかわらず、拡幅の計画は少しも変更されなかったではないか、というさまざまの疑念がありました。

にもかかわらず、あえて行われたこの協議（ワークショップ）方式に、将来の希望を感じた人もいました。すべてが終わって、記録として残すための聞き取りをしたほとんどの人が、「協議会があってよかった。いろいろなことを勉強したし、道路拡幅のために住民が受ける具体的な不利益や改良点や要望を述べ、それに対する回答をもらえたし、今後の住民参加に希望が持てた。違う考えを持つ人の存在を理解できたし、これまでまったく信頼していなかった行政への信頼も生まれた」と言いました。

ファシリテーター（伊藤）　協議会へ制限を設けずに参加させるのは、都のコントロールを超える結果になるのではないか、という都の心配に対して、経験を積んでいたファシリテーターの私は、制限なく一般市民に呼びかけるほうがいいという提言をしました。

もし一部の顔役とだけ協議をしたとしても、反対派はそれには納得せず、反対を続けるでしょう。地域の市民を相互に対立させ、分断することになるかもしれません。

市民を信頼して情報を公開し、一人ひとりの市民の疑問に答えていけば、時間はかかるように見えるけれども、市民のほうもいろいろな人がお互いに意見を出し合うことによって、勉強し、納得が得られていくものです。また、できないことはできないと、行政がはっきり説明すればいい。急がば回れです。そこで大事なのは信頼関係が築かれるかどうかなのです。

周到な準備と細かい工夫

こうしてワークショップ方式の市民との協議会、「環境施設帯整備検討協議会」は始まりました。

協議会への参加者を募るお知らせは、市の広報、自治会の回覧板、沿道の各戸にポスティング、ローカルのＦＭラジオの広報などを通してなされ、そのほかに、人びとが集まる公的な建物にも手広くお知らせのビラが置かれました。

そしていよいよ第一回の協議会が開かれたのは、二〇〇一年八月五日。土曜日で、五五人の住民が参加しました。そのあと、〇二年九月までに一〇回の協議会が開かれています。東京都と住民のワークショップ方式の協議会が終わってからも、協議で決められたことを実現する工事の進行中、住民たちだけの協議会が七〇回にわたって開かれ、その席には市議会議員や東京都からも出席することが約束されました。その間の住民の要望は住民の代表によってまとめられて都に伝えられ、実現のための努力が続けられたのです。
道路問題というものは、工事が終わって、住民に利用されるようになっても、思いがけない欠陥や改良点が発見されて、その経験の上に日に日に改良されていくものです。保全と改良はおそらく永久に続くでしょう。それらのことは、そこに住む人びとの、コミュニティへの責任と愛着なくしては実現できません。

協議会の実際

では、対話の核心となるワークショップ方式の協議は、具体的にはどのようにして行われたのでしょうか。

住民は特定の人がかたまって座る、ということがないように、到着順に一人ずつが順番に各テーブルに分かれ、無作為な一テーブルの五人が一つのグループになって着席するようになっていました。各テーブルには行政側の職員一人が配置され、住民の作業を手伝うけれども、その際、住民の意見の誘導などをしてはいけないことが決められていました。

住民の意見や質問は、すべて、「何でもポストイット」というテーブルに置かれている付箋に書かれて、所定の地図や壁に貼り付けたり、提出されたりしました。その意見はその場で必ず主催者の東京都の担当者が整理して回答します。回答できないことは、次の協議会までには「協議会ニュース」上で回答され、住民に配布されました。

協議会に出席した住民は、自分の意見がきちんとニュースに記録されているのを見て、信頼感を得たといいます。

その「協議会ニュース」は第一回から第一〇回まで、それぞれ違った色の紙に印刷されており、紙の色で、それが第何回のニュースであるかが分かるように工夫されていました。

私はそのニュースを見て、対話とは、ただ言葉で話し合うだけでなく、対話しようとする意思、行為のすべてなのだと悟りました。

第3章で述べた、対話の思想家として知られるミハイル・バフチンは、次のように言っています。「対話とは学校のクラス会のように、さあ、みなさん、対話しましょう、というようなものではない。そこには対話をしようという強い意思が必要である」と。

本当にそうです。対話しようと心から思う人は、全体に細かな配慮をして、気持ちよく対話ができるような環境を作ります。質問に対しては、曖昧にごまかしたりはぐらかしたりせずに、分からないこと、できないことははっきりと言い、即答できなくても、次の会までには、できない根拠を説明し、答えを返してきます。それらが信頼を呼び起こす雰囲気を作り出し、対話を可能にするのだと思います。

主催者が形だけの説明会をしてすませようと思っている場合は、いかにも形式的で、質問をはぐらかしたり、答えになっていなかったり、間違ったことを平気で言ったりして、自分たちの思い通りの結論に持っていこうとすることだけに集中します。結果、ただ「やりました」というだけの説明会になります。対話などと言葉だけで言っていても、それはパフォーマンスにすぎず、心底では対話などする気がまったくないのです。

協議会が成功裡に終わったのは、主催者の態度が誠実であり、住民側も、現実離れした要求を出すことがしだいになくなり、実質的な意見を出すようになったからです。お互いに相手が何を求めているのか分からないときには、ファシリテーターが中に入って、理解を助けました。

たとえば第一回の協議会は、次のようなプログラムで行われています(毎回、会の初めにはその日に行われるプログラムが住民に渡されています)。

・調布保谷線整備事業の計画概要と現在までの進行状況。運営スタッフの紹介の後、グループごとに住民の自己紹介が行われました。会場の壁には大きな地図がはられていて地図の上の、自分の住所にシールを貼ってどこに住んでいるかを示し、何年前からそこに住んでいるか、住んでいる間にどんな環境の変化があったかをめいめいが話しました。さらに協議会に対する質問や意見があれば付箋に書いて出せば必ず答えがもらえるようになっていました。

- 五人ずつに分かれた各グループでの心配と期待については、期待は緑の葉っぱのカードに、心配はオレンジの葉っぱのカードに書き入れて前面の壁に書かれた心配の木と期待の木に、それぞれその葉っぱを貼り付ける。——みなが何を心配しているか、あるいは何を期待しているかが、一同に分かるようになっていました。
- その日にやったことを振り返り、感想カードを書いて置いていきます。

以上が第一回の協議会で行われたことですが、初めての人が顔を合わせて、知り合い、意見を出しやすいように工夫されていることが分かります。

予期されたことですが、この第一回の協議会で、住民の側からは都に対して多くの疑義が出されました。

「協議会の運営に住民を参加させるべきだ」

「住民が参加した、という言葉だけのために利用しないでもらいたい。本当に協議する気があるんだったら、なぜ、計画段階で協議をしないのか」
「道路幅が広くなり、老人や障害者が横断しにくくなるのは困る」
「環境関連のデータ、とくに騒音、大気汚染のデータを開示してもらいたい」
というような批判的意見、不信感が多く出されました。

第二回の協議会では、第一回に出された「期待すること心配なこと」の両意見の紹介や、協議会でそれぞれがもっとも印象に残ったポジティブな意見、ネガティブな意見が話し合われて、住民相互がお互いの考えを知り合うことに時間が割かれました。

東京都への批判と疑義もこのとき出ていますが、そういう疑義に対して役所にありがちな「前例がない」という逃げ口上は決して使わず、一回目に出された住民からの質問のひとつひとつに、しっかり答えようとする都の姿勢がありました。それが信頼感の醸成につながったようで、しだいに批判的な意見よりは、具体的に道路のどの部分をどうするかという建設的意見が多くなっていきます。

第三回の協議会からは、信頼感が根づき、具体的な意見が多くなりました。

一〇回にわたる協議会のテーマと進行は以下のように行われています（環境施設帯整備検討協議会「協議会ニュース」による）。

第一回　平成一三(二〇〇一)年八月五日。環境施設帯の概要を知る
第二回　同八月二五日。環境施設帯を理解したモデル地区の課題整理
第三回　同九月一四日。五人ずつの各テーブルでモデルプランの検討、「起こし絵模型づくり」。紙に書いた樹木や、花壇、自転車や車、歩行者などを切り取って、紙の上に立体的に貼り付け、自分が考えている道路の模型を作る
第四回　同九月二九日。モデル整備案を修正し、確認する
三六道路見学会　同一〇月二七日。三六メートル道路の環境施設帯をチェックしながら歩く
第五回　同一一月一〇日。地区全体の課題を整理する
第六回　同一二月一五日。地区に合わせた環境施設帯を考える
第七回　平成一四(二〇〇二)年二月二日。全体ゾーニング及び次年度の予定を確認
第八回　同六月二三日。モデルを見学し、検証する。遮音壁の確認
第九回　同七月二〇日。環境施設帯の課題や管理運営を考える
第一〇回　同九月七日。基本理念や整備方針を確認する。総まとめ

都と住民の協議会を通して、もっとも良かったことを双方に聞くと、双方の信頼感が根づいた画期的な例として共通して挙げられたのは、遮音壁の設置をやめたことです。

次に住民側が挙げたのは、環境施設帯の三つの実物モデルを路上に設置してくれたことでした。もし住民がそのモデルでは賛成できないという結論に達した場合には、それを撤去して、また初めから協議しなおすという覚悟を都の責任者はしていたと聞きました。

住民の多数が、「協議会はガス抜きだ」とか、「誘導装置だ」という考えから脱して、住民もまた共に考える経験として「良かった」と感じたのは、事業者である都に、協議することに関して、それだけの本気度があったからでしょう。住民は、どれだけ本気なのか、形式的なガス抜きなのか、鋭く見極めるものです。

何が成功の要因だったのか

この事例を調べているうちに、私はこの協議会の成功の要因は、協議会が無意識のうちに対話の精神に添っていたからだということに気がつきました。

具体的には、

（1）協議会への参加者を、来るものは拒まずとしたことです。無門無砦というように、対話は事前制限など設けず、オープンにしたほうが信頼感を構築しやすく、無理に結論を押し付けようという野心さえなければ、自然に理解し合えるものだからです。

(2)対話とは、話すことではなく聞くことだと言われます。結論を押し付けるという露骨さを抑え、そのために、ファシリテーターを外から雇ってまで、住民の多様な意見を、どの段階でも聞こうとした態度です。

(3)対話には誠実な応答が欠かせないと言われます。応答がないと相手は不安になり、不信感を持つようになります。無視されたと感じることは対話にとって、もっとも破滅的なことなのです。

(4)対話には、上下ではなく対等な関係が前提とされます。その点でも少なくとも最初の東京都のスタッフは、権力者としてふるまわなかったことが、対話の精神に添っていました(しかし、後継者として担当になった都の職員の中には、対話や協議の精神が分かっていなくて、若いのに、威張り散らした人もいたようです。だんだん対話の精神から離れていったということでしょう)。

(5)「対話とは、技法ではない。哲学であり考え方である」と言ったのは対話の思想を残したバフチンですが、その通りです。もし、協議会が、周到に用意された形式だけのものであれば、参加者は鋭敏にそれを感じたでしょう。中には、シール貼りだの、起こし絵の道路の立体模型づくりに、それを感じた参加者もいたようで、「結局私たちはあやつり人形だったのか?」という感想を述べている人もいます。あるいはガス抜きだと言った人もいました。しかしそういう人はわずかで、多様な感想があったことは、かえって参加者が健全な集団であったことの証明だと思います。

(6) 対話はどちらが正しいかという勝ち負けの論争ではありません。抽象的な議論でもありません。具体的な、その場に必要とされる言葉です。相互のやり取りの中で、お互いが前もって持っていた自分の考えからもう一歩進んで、新しい考え方を得て、新しいものを創造することなのです。

以上のような、対話にとって必要な考えと態度が、このときの東京都と住民の協議の中に生きていたことに感心しました。それは住民の中にも、事業者の中にも、そういう優れた人がいたということでしょう。それゆえに、このプロジェクトは成功したのだと思います。

調布保谷線のように、対話の積み重ねがあったうえで実施された施策は、後あとまで、道路という物的な資産だけでなく、民主主義的な解決という社会の共有財産として残ります。いったんこの方法で成功すれば、行政も市民も、力づくの犠牲者を出す行政よりも、理解と経験が深まる対話が最善の方法であることを知るのです。そしてそれが歴史的に社会に根をおろしていくのです。

形だけの説明会ではなく、役所が住民との対話を望み、場合によっては計画の変更にも応じる姿勢を示せば、多数の住民も、誠意をもってそれに応えようとする世論に収束されていきます。いつまでもめいめいが勝手なことを言って決まらない、ということにはなりません。

対話によって人びとの考え方に変化が現れ、好感と信頼で終わるのは、そしてその後のコミュニティにもいい結果をもたらすのは、対話の持つ醍醐味だといえましょう。また対話を経験することで、お互いが成長し、変わっていくという事実も得がたい遺産となって人びとの心に残ります。

調布保谷線でファシリテーターを務めた伊藤雅春さんに聞いてみました。彼は専門的なコンサルタントの勉強と経験を積み、ファシリテーターとしてのすぐれた資質をもつ人です。

暉峻　あなたが、ファシリテーターとしての仕事に喜びを見いだし、対話に対して大きな信頼を寄せているのは、なぜですか。

伊藤　うーん。それは簡単には言えませんね。それは幼いときからの人生経験によるとしか言えません。

私が学校教育を受けた時期は、現在のような権力によるタテの管理体制が、今ほど強化されている時代ではありませんでした。教師が萎縮して、監視や告発を恐れていることはありませんでした。教師の間で仲間同士の協力も助言もあったし、職員室での自由な議論もあって、教師が報告書、計画書、部活やいじめへの対応で超繁忙で、個々の生徒の顔を見る暇もない、という時代ではありませんでした。それぞれの生徒の個性に対応するゆとりも今よりはありました。職員室の中でも、先生たちは仲間同士の対話も、失敗談も笑い話もあり、上からの一方的な命令でピリピリした教育環境ではありませんでした。

対話の力というか、快さというか、醍醐味を体験した子どもはその後の教育にも、対話を求め、対話のあるところで学びたいと思うものです。私はそういうところとして自分に合う大学の学科を選び、対話できる教授に師事して、その教授の推薦で、住民のコミュニティ参加を育てていく理念を持った都市計画・建築設計事務所に就職しました。そしてそこで、ファシリテーターとしての経験を積み、その能力を認めてくれた行政から手伝いを頼まれるようになりました。住民との対話を望むところには、必ず優れた行政担当者がいました。調布保谷線の道路事業も、その一つです。

人間を信頼し対話によって解決していくという醍醐味を経験すると、公益のためという口実を使って、権力的に一方的に押しきるとか、札束で有無を言わせず承諾させるとかいう方法に、疑問を感じるようになります。

行政には、市民との対話という、もっといい方法があり、対話による解決は、民主主義にふさわしい社会を育て、後世にいい結果を残すものだという自信を、行政も市民も持つことになります。まちづくりとはインフラというモノだけでなく、住民が参加するよきコミュニティの経験を残すことに価値があるのではないでしょうか。そういう意味では、今は遅れた自治体と、民主主義・住民主権を尊重する自治体に、大きな格差があると思います。

暉峻　そうですね。二〇〇九年一二月二二日に鳥取県知事、平井伸治は、市内の歴史ある武家屋敷・岡崎邸の取り壊しに反対するNPO「市民文化財ネットワーク鳥取」が申請した審決に対して、次のように言っています。

　市民がまちづくりに対して関心を持ち、自ら歴史あるまちづくりの保存、活用のため取り組むことは非常に意義あることであり、この点において申請人の活動は、評価に値するものである。現在、旧岡崎邸については、申請人の熱意ある活動により解体を免れたものの、保存のための応急修理……改修工事等が当面の課題として残されており、これらの課題や保存について、市民、行政等が、共同して取り組むことが重要であり、これにより……魅力あるまちづくりを進めていくことが期待される。

つまり、まちづくりに参加する市民運動こそが、魅力あるまちづくりを進めていく原動力になる、と評価しているわけで、市民運動は行政の邪魔だとか、エゴだとか、公益のためには犠牲者が出るのも当然などとは言っていないのですね。練馬区に住む私たちから見ると羨ましい自治体だと思います。

私が住む練馬区が、高架下に建築物を建てるために何をしたかと比較すると、伊藤さんの発言はまったくその通りだと思います。自治体により、行政の民主主義とコンプライアンスに大きな格差が生じているのは事実です。

［**希望の実例・3**］
対話の積み重ねのその先に

個人の自立と、自立した個人の間で行われる対話とは、表裏一体となって自立した市民社会をつくっています。現在の社会では、なかなか考えられないような「非正規労働者全員を正規社員にした」うえで、生産性も上げた広島電鉄（広電）の労使の取り組みは、個人的にも、社会的にも、対話が日常的にその集団の中で機能していたからこそ実現できたことだとしか考えられません。考えが違ってもお互いを尊重した信頼関係をつくるには七年以上の対話が必要だった、とある組合員は言いました。長期にわたる対話の積み重ねが人びとを結ぶ力になり、大きな困難を乗り越えさせたのです。広島電鉄の当事者たちに取材したその結果を紹介します。

対話を通して全契約社員を正社員に

広島電鉄では、二〇〇九年に在籍していた契約社員全員を正社員にしました。それを可能にしたのは、同社の労働組合の大きな力です。

戦後、日本国憲法はその二八条で、労働基本権（労働三権）を定めました。労働者の団結権、団体交渉権、争議権(団体行動権)です。この基本権の保障によって、戦後労働運動は盛んになりました。広島電鉄の労働組合も、終戦直後の一九四六年に結成されました。しかし、一九五〇年、朝鮮戦争を機にレッドパージが行われ、その後、あちこちの組合で、労働組合の分裂(第一組合と第二組合)が意図的に起こされました。広電の組合の分裂は五四年で、その後三九年間、分裂状態が続きました。統一をはたしたのが、九三年です。

広島電鉄の内部にできた二つの労働組合は非常に仲が悪く、組合員数がほぼ同じということからも、どちらが優位に立つかということで、常に対立していました。

新入社員が入ると、どちらの組合に加入するかで争奪戦があり、新入社員はその渦中に巻き込まれます。職場が同じでも、二つの組合員はお互いに仕事以外に口を利いてはいけないし、退社した後も、いっさい付き合いをしません。社員食堂でも双方の組合員は二つに分かれて席に着き、食事中も口を利きません。

会社も、二つの組合員を差別し、たとえばバスの新車を購入すると、第二組合員にそのバスの運転をさせ、第一組合の人には古いバスをあてがうというようないやがらせをしました。労働のローテーションの組み方にも、差別がありました。同じ労働時間働いても、新しいバスは運転が楽ですし、古いバスは疲れます。また労働と労働の間の休息の時間が不規則・こま切れだと、疲労は回復しません。第一組合の人は、そういういやがらせにも耐えて、労働組合の哲学を守ってきたのです。

広電に契約社員が導入されたのは二〇〇一年。運転士と電車の車掌に限られました。雇用契約期間は一年で、労働時間は正社員よりも四週で一〇時間長く、賃金は何年働いても同じで、昇給はありません。退職金もなく、正社員には年間のボーナスが四・八か月分払われるのに、契約社員には二か月分しか払われませんでした。

労組はもちろん、契約社員の雇用に反対しました。

交通運輸事業は安全が第一の仕事です。そこに、差別された契約社員が入ってくると、事故も起きやすくなるでしょう。労組は、一九六〇〜七〇年代からのマイカーの普及に押されて市電の廃止が会社の既定路線になろうとしたときも、交通の公共性を柱に闘ってきました。市電が残ることに決まったのは八〇年代に入ってからのことです。その先見の明は九〇年代に入ると排ガスのない環境によい交通として、いまは広島の花形電車として有名です。

しかし、会社側にも理由がありました。二〇〇二年、道路運送法が改正され、規制緩和が行われたため、バスや鉄道業界も競争社会の中に放り込まれることになったのです。

規制緩和以前は、バスや鉄道事業は認可制だったので、むやみにバスや電車を走らせることはできませんでした。ところが規制緩和によって、営業の内容も含めて自由になったため、会社は競争のために内部コストを下げなければならず、その手っ取り早い方法は人件費の切り下げだったのです。

バス部門はどこの会社も赤字つづきでした。そのため、他の会社の中にはバス部門を切り離して別会社にし、やがて廃業にしてしまう流れができつつありました。広島電鉄の場合も、バス部門は赤字で、二〇〇一年度の赤字は一億八〇〇〇万円にのぼりました。

労働組合は、契約社員導入反対を会社から認められないまま、そのかわりにすべての従業員が組合員にならなければならないユニオンショップ協定を契約社員にも適用して、組合員にすることを会社に認めさせます。このことが後に非正規社員を正規社員にする成功の糸口になりました。

組合側は、組合の内部での契約社員の権利と義務の平等化のために尽くしました。契約社員は雇用されるときにその待遇でもいいという契約で雇用されたのだから、差別があっても当たり前という安易な市場至上主義の形式論を、労働組合主義の精神から決して肯定しませんでした。誰も好きで非正規で働いているわけではない、均等待遇にすることが労働組合の精神だと信じていました。

「誰でも言いたいことは遠慮せず言ってよい」という労働者文化に根差した活発な議論が行われることを、当時も今も組合の委員長は広島電鉄労組のアイデンティティとしてつねづね誇りにしていました。一〇人集まれば、一〇通りの異論が出るということを楽しそうに、誇らしげに、組合の幹部たちが話しているのを聞いたことがあります。その伝統は今も続いています。

「契約社員と正社員がいっしょにいる場では、遠慮して発言しにくい」という契約社員の声があれば、契約社員だけの集まりを別に企画しました。みな勤務時間がバラバラなので、時間的にいっしょに集まれないことが分かると、休みが共通に取れるそれぞれの小さなグループで契約社員の集まりを企画し一週間毎日同じ集会を持って、契約社員全体の七〇％の人から直接声を聞きました。

契約社員の人たちは職場の中で、会社からの圧力だけでなく、組合員からの差別的圧力にも苦しんでいました。非正規雇用がはじまった当初から組合が掲げる非正規社員の正規化要求が、いつ実現するのかと、それを強く待望していました。

一人ひとりの声を聞き捨てにしないという、この組合精神の対話主義こそが、他の企業ではできない、非正規社員の正規社員化を果たした原動力であると思います。

組合の幹部は、僻地にある事業所の支部で働く組合員の声を聞くため、交通手段もないその支部へ半日かけて歩いていき、その時点で事業所に帰っていない組合員の帰りを夜遅くまで待ち、夜を徹して彼らの声を聞くなど、誰に対しても組合員の権利と義務を平等にしようとする日常の対話を通しての信頼を築いていったのです。組合員はたびたび夕方の職場が引けた後、個人的な相談のためにも組合の事務所を訪れました。退職後に相談に来る人たちも何人もいました。相談内容が個人的な家庭の問題であっても、サラ金のことや暴力団とのことであっても親身に力になりました。初老の組合員は息子ほどの若い契約社員を見て気の毒がり、組合は、彼らのためにもっと闘うべきだと激励したりしました。組合員一人ひとりとの対話が日常的に行われていたので、会社の管理職がふと洩らす情報も自分たちにすぐに伝わり、対抗策を練ることができた、と組合役員は言います。

組合は、契約社員が三年間勤めたら、正社員にすることを会社に要求しました。それに対して会社は、「正社員Ⅱ」という制度をつくり、正社員Ⅱとして採用することを承諾しました。この制度は、一年契約が期間の定めのない契約に変わっただけで、賃金その他の待遇はまったく変わりませんでした。しかしそれだけでも契約社員は、一年ごとに契約が更新されないのではないかという不安（バスや電車の乗客から、一度でも会社に苦情が寄せられると、次の契約がなされないのではないかと恐れる不安）がなくなるだけでも、と喜びました。

やがて二〇〇三年にバス部門が黒字化したことを転機に、組合の委員長は、社長に直談判をします。黒字化したのは、契約社員の年収が約三〇〇万円であったのに対して、退職間際の正社員の年収は約八〇〇万円だったからです。正社員一人を契約社員に置き換えることで、人件費は毎年一人につき五〇〇万円の節約になったので、会社の黒字化も当然のことでした。

「社長、もうそろそろ五年もたつのだから、契約社員の正社員化にウンと言ってください」

「何かいい方法があるなら、それを教えてほしい」と開き直る社長に対して、

「人件費の総額は変えなくていいから、統一しましょう。この方法によって全員を正社員にしてください」

「人件費総額を変えない方法で正社員化ができるのであれば、やってみよう」

という社長の答えで、「ともかくやってみる」という二〇〇六年の労使合意ができたのです。会社の労務と組合の間は、お互いに利害関係が相反する中です。油断は禁物で、労務の係は、必ずコストの削減と効率化した働き方に変えようとします。

しかし不思議なことに、組合の幹部と会社の間では、労働条件で何度もストライキが行われ、相反する利害関係があったのに、会社側はあっぱれな労働組合として人間的な信頼も寄せていたように思われます。これは人格的な信頼であったように見受けられます。会社の役員と労組

役員がいっしょに酒をのむというようなことはまったくしなかった労組でした。

職種別賃金制度の導入と引き換えに、会社は契約社員を正社員にして均等待遇にすることを約束しました。

労組側はそれに対して、前もってさまざまな研究を重ねていました。要求や反対をするだけの組合ではなかったのです。組合員全体に配慮した原案が準備されていました。

しかし、それからあとの労働組合の苦労は、並大抵のものではありませんでした。長年積みあげてきた労組への信頼をもとにして、辛抱強い組合員および会社との対話をくり返し、労使で何度も賃金制度の公正さを手直しして、実現までになお三年間を費やしました。

会社の意思決定は、社長の決断で決めることができるのですが、組合員が一〇人いたら一〇通りの意見が出ると言われるほど自由な意見交換が習慣化している組合でしたから、総論賛成、各論反対での意見百出でした。

もしも三割の従業員がまとまれば、別個に会社と団体交渉権を持ち、会社の提案を受け入れる可能性もあります。しかもひとつひとつの合意にたどり着くまでに、組合員全体の意見調整をしたものを、さらに会社と議論をしてまとめ、それをさらに組合員の討議にかけるという、二重三重の難関を越えなければなりませんでした。

二〇〇九年に、最終的に職種別の基本給制度が決定され、会社側が望んだ能力給と組合側が望んだ年功序列給がミックスした賃金体系ができました。

人件費の総額は変えないのですから、賃金が上がる契約社員もいる反面、賃金が下がる社員もいるはずです。賃金の新制度適用によって、従来の賃金から、二、三万円まで下がる正社員が約三〇〇人、契約社員で恩恵を受ける人が約三〇〇人いました。

賃金が下がる正社員は、各論反対で、どれくらいの額が下がるのか、それぞれの賃金額の明示と根拠を求めました。これまでストライキを構えてまで闘ってきた、賃上げの成果を組合自体が下げる提案をすることに、理論的な矛盾を衝く人もいました。

組合側は、毎月の月給が二万~三万円も下がる人はその激変に耐えられないだろうと、一〇年間の激変緩和措置を設け、毎月二〇〇〇円から三〇〇〇円の減額で収まるように会社と折衝しました。減額する額は、毎年の賃上げ闘争によってある程度は埋め合わされるだろうし、さらにこれまで六〇歳定年であったものを六五歳定年にすることによって、マイナスになる人が事実上の損害を受けることがないように配慮しました。会社もこの新制度のために三億二〇〇〇万円を拠出したのです。

その結果は顕著でした。組合と会社への信頼が増し、責任事故数が激減し、生産性が上がり、採用希望者が大きく増えて、全国から応募してくるようになりました。そのため、質の高い労働力を確保することができるようになったのです。

契約社員から正社員になった人は、職業が安定したことによって結婚ができ、住居を買い、地域市場での購買力が増加しました。とくに契約社員は正社員になった恩恵を強く感じていて、その恩恵に報いるため、これから誠意を持って職務をはたす気持ちを表明しました。また、賃金を減額された人も、定年年齢が延びたことによって、不満が埋め合わされ、公正で差別のない会社の社風に、違和感はないという感想を組合に寄せました。

成果の裏に歴史の積み重ね

組合の仲間一人ひとりを大切に思う気持ちが対話となり、情報を透明化することによって、利害を共にして働く喜びを得るようにすることは、労働組合の原点であったはずでした。

あるとき、組合員のひとりが、「ストライキのための積立金はもういらないのではないか?」と言うと、組合の委員長は、こう答えたそうです。「もし会社が倒産するようなことがある場合は、ストライキのための積立金を使って会社を買い取り、労働者の手で会社を経営する」と。

現実は別として、労働組合側がそこまで会社の全体状況を把握して、会社と雇用されている自分たちを運命共同体と見極め、具体的な対案を出しているその実力の継承に驚きます（詳しく知りたい人は、河西宏祐『全契約社員の正社員化』早稲田大学出版部、二〇一一年、同『路面電車を守った労働組合』平原社、二〇〇九年、私鉄中国地方労働組合広島電鉄支部『私鉄広電闘いぬいた四十二年』渓水社、一九八九年などを参照のこと）。

広島電鉄は、路面電車と鉄道電車、路線バス、不動産という三つの事業と、その他スーパー、ホテル、ロープウェー、宮島への観光船などのグループ企業があり、従業員数は一六五五人です（二〇一六年三月現在）。

同社は、二〇一二年に開業一〇〇周年を迎えましたが、その間に大きな危機的事件が二つ起こりました。

その第一は、一九四五年の原子爆弾による壊滅的な被害です。従業員四〇〇人以上が死傷し、その運転手の多くは高等女学校の生徒でした。当時、男性は戦場に取られてしまっていたため、高等女学校の生徒が動員されて運転業務を行っていたからです。

第二の危機は、一九六〇〜七〇年代の自家用車の普及です。せまい道路に自動車があふれて、路面電車は、正常な運行ができなくなりました。その結果、電車の利用者が減り、利用者が減った分、電車の便数を減らすという悪循環が起こりました。

広島市議会は、他の都市と同じように、路面電車の廃線を考えるようになり、会社もそれに追随しかけたとき、労働組合は廃線反対闘争を始めたのです。

広島電鉄の労働組合はヨーロッパの都市交通を視察し、ヨーロッパでは路面電車が都市交通の主流であることを知りました。路面電車を生き残らせるために、労働組合は、県議会議員に代表者を送り込み、公共交通を守るために路面電車の軌道敷地内への自動車の乗り入れを禁止する県条例を作らせたのです。そのことによって、路面電車は生き残り、今日でも、一日一五万人の市民が利用しています。

広島電鉄の労働組合は私鉄総連(日本私鉄労働組合総連合会)という産業別労働組合に加盟しており、私鉄総連は全国で一三万人の組合員を組織して、連合(日本労働組合総連合会)に加盟しています。

広島電鉄は、会社と協議をして、ユニオンショップ制をとっていますが、組合員は毎月、各自の本給の二・五%を組合費として支払い(初任給二二万円のうち、五五〇〇円)、その他、連帯活動資金一律一〇〇〇円と、ストライキを行うための闘争資金二〇〇〇円。さらに団体生命保険金三一〇〇円を払います。このうち闘争資金と団体生命保険金は、個人名義の積立で、闘争資金は退職時には返金されます。組合全体の積立金は六億円あるので、それが会社に対する圧力にもなり、万一のときの行動の土台にもなっているようです。積立金の利子でりっぱなホールや会議室や宿泊もできる組合会館もつくられています。

現在、労働組合は、日本社会で急速に力を失い、いわゆる労働組合の文化が担っていた「働く者の生活の哲学」が社会から失われて、社会を支える健全な土台がもろくなり、社会の健全性全体を失わせていると感じます。

みんなが心の底ではこれではいけないと感じながら、危ないものを見ることを避けて、砂上の楼閣で一日一日を過ごしている感じがします。

対話は、日常の中にあり、とくに多様な欲望が渾然としている市場社会では、対話によって、取り返しのつかない断絶が起こるのを未然に防いでいます。

今や、対話はいろいろな意味で欠くことのできないコミュニケーションの手段になり、バラバラの個人をつなぎ、非人間化していく社会に人間性をとり戻し、子どもたちの個性ある人格発達の培養土となっています。

対話する社会への努力が、民主主義の空洞化を防ぎ平和をつくり出しているのです。

暉峻淑子

1928年生まれ．経済学者．
日本女子大学文学部卒業．法政大学大学院社会科学研究科経済学専攻博士課程修了．経済学博士．日本女子大学教授，ベルリン自由大学，ウィーン大学の客員教授などを経て，埼玉大学名誉教授．NGO／NPO法人国際市民ネットワーク代表．
著書 『豊かさとは何か』『豊かさの条件』『社会人の生き方』(以上，岩波新書)
『サンタクロースを探し求めて』『承認をひらく──新・人権宣言』(以上，岩波書店)
『ほんとうの豊かさとは──生活者の社会へ』『格差社会をこえて』(以上，岩波ブックレット)
『サンタクロースってほんとにいるの？』(福音館書店)
『ゆとりの経済』(東洋経済新報社)
『豊かさへ　もうひとつの道』(かもがわ出版)
Nippons Neue Frauen（日本の新しい女性）(共著，Rowohlt Verlage) ほか

対話する社会へ　　岩波新書(新赤版)1640

2017年1月20日　第1刷発行
2024年7月16日　第5刷発行

著　者　暉峻淑子《てるおかいつこ》

発行者　坂本政謙

発行所　株式会社 岩波書店
〒101-8002 東京都千代田区一ツ橋 2-5-5
案内 03-5210-4000　営業部 03-5210-4111
https://www.iwanami.co.jp/

新書編集部 03-5210-4054
https://www.iwanami.co.jp/sin/

印刷製本・法令印刷　カバー・半七印刷

ISBN 978-4-00-431640-4　　Printed in Japan

岩波新書新赤版一〇〇〇点に際して

ひとつの時代が終わったと言われて久しい。だが、その先にいかなる時代を展望するのか、私たちはその輪郭すら描きえていない。二〇世紀から持ち越した課題の多くは、未だ解決の緒を見つけることのできないままであり、二一世紀が新たに招きよせた問題も少なくない。グローバル資本主義の浸透、憎悪の連鎖、暴力の応酬――世界は混沌として深い不安の只中にある。

現代社会においては変化が常態となり、速さと新しさに絶対的な価値が与えられた。消費社会の深化と情報技術の革命は、種々の境界を無くし、人々の生活やコミュニケーションの様式を根底から変容させてきた。ライフスタイルは多様化し、一面では個人の生き方をそれぞれが選びとる時代が始まっている。同時に、新たな格差が生まれ、様々な次元での亀裂や分断が深まっている。社会や歴史に対する意識が揺らぎ、普遍的な理念に対する根本的な懐疑や、現実を変えることへの無力感がひそかに根を張りつつある。そして生きることに誰もが困難を覚える時代が到来している。

しかし、日常生活のそれぞれの場で、自由と民主主義を獲得し実践することを通じて、私たち自身がそうした閉塞を乗り超え、希望の時代の幕開けを告げてゆくことは不可能ではあるまい。そのために、いま求められていること――それは、個と個の間で開かれた対話を積み重ねながら、人間らしく生きることの条件について一人ひとりが粘り強く思考することではないか。その営みの糧となるものが、教養に外ならないと私たちは考える。歴史とは何か、よく生きるとはいかなることか、世界そして人間はどこへ向かうべきなのか――こうした根源的な問いとの格闘が、文化と知の厚みを作り出し、個人と社会を支える基盤としての教養となった。まさにそのような教養への道案内こそ、岩波新書が創刊以来、追求してきたことである。

岩波新書は、日中戦争下の一九三八年一一月に赤版として創刊された。創刊の辞は、道義の精神に則らない日本の行動を憂慮し、批判的精神と良心的行動の欠如を戒めつつ、現代人の現代的教養を刊行の目的とする、と謳っている。以後、青版、黄版、新赤版と装いを改めながら、合計二五〇〇点余りを世に問うてきた。そして、いままた新赤版が一〇〇〇点を迎えたのを機に、人間の理性と良心への信頼を再確認し、それに裏打ちされた文化を培っていく決意を込めて、新しい装丁のもとに再出発したいと思う。一冊一冊から吹き出す新風が一人でも多くの読者の許に届くこと、そして希望ある時代への想像力を豊かにかき立てることを切に願う。

（二〇〇六年四月）

社会